OS MENINOS FOTÓGRAFOS
E OS EDUCADORES

OS MENINOS FOTÓGRAFOS E OS EDUCADORES

VIVER NA RUA E NO PROJETO CASA

CARMEM SÍLVIA SANCHES JUSTO

© 2003 Editora UNESP

Direitos de publicação reservados à:
Fundação Editora da UNESP (FEU)
Praça da Sé, 108
01001-900 – São Paulo – SP
Tel.: (0xx11) 3242-7171
Fax: (0xx11) 3242-7172
www.editoraunesp.com.br
feu@editora.unesp.br

Dados Internacionais de Catalogação na Publicação (CIP)
(Câmara Brasileira do Livro, SP, Brasil)

Justo, Carmen Sílvia Sanches
  Os meninos fotógrafos e os educadores: viver na rua e no
Projeto Casa / Carmem Sílvia Sanches Justo. – São Paulo:
Editora UNESP, 2003.

  Bibliografia.
  ISBN 85-7139-491-1

  1. Educadores – Brasil 2. Instituições sociais – Brasil 3.
Meninos de rua – Educação 4. Meninos de rua – Pesquisa
5. Pesquisa sociológica 6. Projeto Casa (Marília, SP) I. Título. II. Título: Viver na rua e no Projeto Casa.

03-6004   CDD-305.2310720981

Índice para catálogo sistemático:
1. Brasil: Meninos de rua: Educação: Pesquisa:
Sociologia 305.2310720981

Este livro é publicado pelo projeto *Edição de Textos de Docentes e
Pós-Graduados da UNESP* – Pró-Reitoria de Pós-Graduação e Pesquisa
da UNESP (PROPP) / Fundação Editora da UNESP (FEU)

Editora afiliada:

Asociación de Editoriales Universitarias
de América Latina y el Caribe

Associação Brasileira das
Editoras Universitárias

Para Nana e Gui,
meus filhos. Por tudo.

AGRADECIMENTOS

Impossível não registrar o apoio recebido dos colegas professores e alunos da UNESP e de minha família, em especial da Valéria, pela leitura cuidadosa do material que originou este livro. Agradeço particularmente aos educadores e meninos participantes da pesquisa pelo exercício de juntos termos aprendido um pouco mais a ouvir, na falta de luz; ver, no silêncio da palavra; e agir, no lugar de apenas sentir dor.

SUMÁRIO

APRESENTAÇÃO

Naquele outono, de tarde, ao pé da roseira de minha
Avó, eu obrei. Minha avó não ralhou ...
disse que as obras trazem força e beleza às flores ...
quis aproveitar o feito para ensinar ...
a não desprezar as coisas desprezíveis
E nem os seres desprezados.

(Manoel de Barros, 2003)

É necessário dizer que este livro resultou da minha tese de doutorado defendida em 2001. Isso significa que as reflexões aqui contidas foram feitas com base em um percurso de pesquisa que remonta a cinco anos. Quer dizer, de lá para cá muita coisa mudou na política direcionada às crianças e adolescentes que se encontram em situação de risco social e pessoal, como a alteração da idade para ingresso no mercado de trabalho – que de 14 passou para 16 anos –, assim como o aparecimento de novos interlocutores que trabalham na área ou pesquisam o tema.

Não obstante as mudanças na política e o surgimento de publicações mais recentes, antigos dilemas e questionamentos, levantados mesmo antes de a pesquisa ser realizada, ainda permanecem a desafiar nossa compreensão e nos incitam a buscar soluções para esse recalcitrante problema social afeto aos meninos que ficam nas ruas, fora da escola, distantes de suas famílias e dos programas sociais, justificando a pertinência das indagações que sustentaram a pesquisa e sua publicação, quase sem alterações.

Refiro-me, de maneira geral, à nossa indignação e ao nosso compromisso, na qualidade de cidadãos, de melhor compreender e tentar reverter essas condições desumanas em que vive a maioria das famílias brasileiras e, por extensão, a grande parcela de crianças com fome humana de comida e de pertencimento social. Como nos ensina ver, afetuosamente, a psicanalista Ana Verônica Mautner (1992) essas nossas *irmãzinhas* de rua, desprovidas dos direitos da cidadania, se fixaram em uma condição de sujeitos pré-históricos. E, afinal, se supomos que os seres humanos são fruto das condições sócio-históricas-subjetivas em que vivem, então temos que civilizar essas condições, para não regredirmos à barbárie e podermos conviver civilizadamente.

Minha perplexidade diante da desumanização, das *coisas desprezíveis* e dos *seres desprezados*, preciso admitir, responde a demandas sentimentais e a interesses acadêmicos. Ou seja, remonta à memória afetiva de minha infância, em que me vejo, por exemplo, desenterrando cacos de louça em um terreno baldio, ao lado da casa de minha avó, para fazer com esse lixo o luxo da faiança de minha casinha de brinquedo; ao mesmo tempo que me remete à lembrança de minha dissertação de mestrado, na década de 1980, pesquisando o desamparo de crianças assistidas em um orfanato, como também à outra pesquisa em que abordei a casa sonhada de pessoas sem teto, a partir dos ensaios filosóficos de Bachelard (1986).

Mais recentemente, me faz lembrar as indagações de uma educadora de rua e aluna de Pedagogia que, no início dos anos 1990, me inquietava com preocupações como esta: "Eu não entendo, professora, como um menino possa ficar na rua, não querer estudar e me dizer que, se ele não for jogador de futebol, ele não quer ser coisa nenhuma, ele quer ser nada". Essa educadora, que tinha se esforçado tanto para chegar aonde chegou, negra, como provavelmente também era o seu interlocutor de pouca idade, não entendia (não se conformava com) a negatividade e a atitude desesperançada daquele menino perante a vida, talvez porque suspeitasse que havia naquela resposta vazia de futuro uma cobrança que faz de nós todos cúmplices de sua condição, como se o menino estivesse a nos interpelar com esta pergunta: está vendo no que deu; eu não quero ser outra *coisa, nada*; o que posso esperar?

> Trago o que se escreveu em mim
> mesmo, a partir de uma práxis.
>
> (Roland Barthes, 1984)

Falas como a do menino e as preocupações da educadora, antes transcritas, continuam a ecoar ainda... creio que não só em mim. Daí o fato de esta pesquisa tentar responder não só a algumas questões colocadas pelo campo do conhecimento acadêmico onde elas se inserem, mas também ajudar a dar sentido ao que estava inscrito em mim mesma, gerando uma escrita significativa, me colocando em contato com os meus *pré-conceitos* e dificuldades de descentrar e permitir o encontro com o diferente: a criança sem educação, sem nome, sem família, sem classe, sem mesada; e, nesse sentido, auxiliando meu processo de humanização. Entendo por isso as possibilidades que a pesquisa abriu para aplainar emoções e ampliar minha consciência, refinar minhas capacidades reflexivas e as sensibilidades, para perceber e pensar o que não percebi e pensei antes. Como alerta Clarice Lispector, "é na hora de escrever que muitas vezes se fica consciente das coisas, das quais, sendo inconscientes, não se sabia que sabia" (1992, p.271).

Justamente porque uma de minhas preocupações é que os pesquisadores deixem apenas de representar um papel e passem à autoria de seu trabalho com o conhecimento, é que mantive, no capítulo 1, o item "Em defesa de uma certa postura de pesquisador", uma preocupação que também se aplica à postura profissional assumida pelos educadores sociais, meus interlocutores privilegiados neste trabalho. Mas que fique claro que se trata de uma pesquisa, não de matéria de ensino a essa categoria de educadores, que sem dúvida se ressente da falta de respaldo reflexivo e didático para o seu fazer cotidiano. Mais do que ensino, quis oferecer-lhes suporte, compartilhar as angústias demandadas pelo processo de conhecer e os desafios emergentes a cada encontro com os meninos, quer nas ruas ou na Casa do Pequeno Cidadão, onde parte da pesquisa se desenvolveu.

Tudo que eu não invento é falso.

(Manoel de Barros, 2003)

No esforço de ser sujeito do processo do conhecimento, procurei inventar os *instrumentos de pensar* e fazer a pesquisa, obviamente amparada pela literatura existente na área, ainda pouca, sobretudo no campo que articula a psicologia à educação, no qual o trabalho se assenta. Busquei no paradigma da complexidade (Morin, 1994) e na visão ecossistêmica de Brofrenbrenner (1994) os suportes metodológicos, e na psicanálise, principalmente em Freud e em alguns psicanalistas mais recentes, a ancoragem teórica, o que não quer dizer que deixei de buscar contribuições de estudiosos de outras áreas. Ao contrário, por tratar-se de um campo de pesquisa que articula questões como violência, cultura, pobreza, subjetividade, criança, família, rua, educação, políticas de assistência etc., demasiadamente complexo e multifacetado, diferentes abordagens de economistas, antropólogos, sociólogos, educadores, historiadores, entre outros, são recorrentes ao longo das reflexões.

Talvez, por tudo isso, o leitor poderá ter a impressão de estar diante de um texto fragmentado, que prescinde de uma unidade teórica e lança mão de uma miríade de contribuições de distintos campos do conhecimento, muito embora o acento interpretativo seja o da psicanálise. Porém, deve-se levar em conta a complexidade da problemática social enfocada, ao lado da resistência, que ainda se tem, quanto à busca do conhecimento interdisciplinar. Diante dessa preocupação, procurou-se fincar as análises em textos de psicanalistas interessados nessa saudável complementaridade entre os saberes e que sabem fazer dialogar o campo do sujeito com o do coletivo, a psicanálise com a crítica social e cultural.

Compreendo por que muitos educadores e profissionais de áreas afins desconsideram a psicanálise como um referencial importante na decifração dos problemas da realidade. Há, sim, psicanalistas que adotam uma linguagem hermética, mantendo seu *psicanalês* impenetrável ao entendimento, afugentando leitores e assim praticando a mais correta tradução da máxima "saber é poder". Entretanto, existem muitos outros, inclusive brasileiros, como Jurandir

Freire Costa, Contardo Calligaris, Maria Rita Khel, Joel Birman, para citar alguns dos interlocutores deste trabalho de pesquisa, que compartilham nossa preocupação de se fazer entender pelos "não-iniciados", sem prejuízo da densidade conceitual própria às teorizações psicanalíticas.

Deve-se considerar, também, que tal fragmentação do texto, inclusive em sua forma de apresentação – reservando um capítulo para o olhar histórico sobre a noção de infância, outro para os enlaces de diferentes violências (familiar, cultural, escolar etc.) à questão meninos de/na rua, apensando as oficinas e vivências realizadas com os meninos participantes da pesquisa – propõe ao leitor um banquete à maneira antropofágica, em que possa se servir e canibalizar as partes do texto que mais apetecerem ao seu interesse.

> Sei de muito pouco. Mas tenho a meu favor
> tudo o que não sei ... é a minha largueza.
>
> (Clarice Lispector, 1992)

Querendo melhor conhecer as razões pelas quais há meninos e meninas que ficam nas ruas trabalhando, pedindo ou mesmo só perambulando ou brincando; e de alguma forma querendo contribuir para a reflexão a respeito do trabalho dos educadores sociais, das políticas de atenção à infância e, particularmente, sobre um projeto municipal de atendimento, existente há seis anos em Marília-SP, não havia outro caminho senão tentar me aproximar desses meninos, nas ruas e no projeto, procurando apreender os sentidos que atribuíam às suas histórias de vida, conhecer seus sonhos, medos; saber que imagens tinham da escola e de suas famílias, de seus pais, dos educadores e, também, dos significados de viver nas ruas ou de participar do projeto Casa do Pequeno Cidadão.[1] Para tanto, realizei

---

1 Projeto municipal criado em Marília-SP no ano de 1997 e que atende cerca de 1.100 crianças e adolescentes, segundo dados publicitários da prefeitura divulgados no mês de abril de 2003.

entrevistas, oficinas de música, fotografia e *vivências*, não só para conhecê-los, mas também para estimulá-los a protagonizar suas vidas e ser sujeitos de sua própria história. O perfil dos educadores e dos meninos entrevistados figura nos Anexos.

Por vezes, o leitor encontrará ao longo do texto alguns fragmentos literários e poéticos entremeando-se à análise de dados empíricos e às diferentes interpretações teóricas, o que pode ser visto como falta de objetividade nas análises e de rigor científico, próprios de um trabalho acadêmico; no entanto vale lembrar que no trabalho de conhecer do pesquisador e na tarefa do pensamento, sobretudo quando se pretende firmar compromisso com o pensamento e o saber instituintes, para além dos já instituídos (Chauí, 1983), não há como obturar a passagem do inconsciente e do fio da lembrança que conferem sabor ao saber buscado, ou impedir o recurso à prosa literária e à palavra poética, que sabem dizer o indizível.

Depois de realçar, no capítulo 1, o lugar de *escuta* do pesquisador/educador, e de contextualizar as indagações e os procedimentos adotados na pesquisa, no capítulo 2 traçamos a noção de infância e da assistência à criança, ao longo da história, remetendo o leitor às informações sobre o infanticídio praticado desde tempos imemoriais e que permanece ainda hoje, embora muito mais em sua forma simbólica, pois a criança continua sendo vista como ser humano incompleto, inferior, que precisa ser tutelada pelo adulto, não tem voz e tampouco é reconhecida como protagonista de sua própria vida familiar ou escolar. O olhar histórico, como reputou certa vez o saudoso professor Milton Santos, "é sempre necessário para nos ajudar a fazer perguntas ao mundo e enfrentar a história com vontade de fazer outra história" (apud Bock et al., 2001, p.29).

No capítulo 3 tratamos de redimensionar o entendimento da condição desumana de meninos que vivem nas ruas e mais vulneráveis às situações de violência, aqui entendidas conforme Costa (1984, p.96) se refere em seu livro *Violência e psicanálise*, ou seja, situações em que o indivíduo é submetido a uma coerção e a um desprazer absolutamente desnecessários ao crescimento, desenvolvimento e manutenção de seu bem-estar, enquanto ser psíquico.

Buscou-se estofo teórico e interpretativo, sobretudo, mas não exclusivamente, em ensaios de psicanalistas preocupados com a "leitura do social", que dessem sustância à análise dos *achados* nas entrevistas, enquetes, oficinas, vivências realizadas, e que permitissem refletir, entre outras questões, a violência das profundas desigualdades sociais e a conseqüente *infância negada* aos meninos trabalhadores; a violência das regras da globalização que regulam não só as relações econômicas, mas também as afetivas, com o axioma de *levar vantagem em tudo*; a violência da injunção nas relações familiares atuais do tipo de amor narcisista que faz narcisos acharem feio meninos que não são espelho; a violência de termos como modelo adulto de identificação mais provável para esses meninos que vivem na rua o contraventor bem-sucedido economicamente e não seu pai e mãe desempregados, embora honestos; a violência de uma escola excludente, forjada no preconceito étnico e de classe social, que faz o sonho de ser professor um sonho não mais sonhado pela maioria dos meninos participantes da pesquisa.

O intuito de aprofundar a análise de situações de violência como essas, procurando matizar várias de suas insondáveis facetas, não foi outro que provocar nos profissionais com interesse nesse assunto, sobretudo nos educadores sociais, uma ressignificação de seu fazer educativo, visto que poder ressignificar é um ato de liberdade por excelência, que abre possibilidades de transformação, ou seja, de transcender a forma do que aí está, pela ação, trocando o medo pela *coragem*, palavra que significa ações que vêm do coração, desafiadoras e que quase sempre implicam fazer arte: transgressão da oficialidade, na acepção do artista nordestino Antonio Nóbrega (*Pátio*, 1998-1999). A coragem de um educador orienta-se pelo imprevisível, pela aventura e pela busca do inédito e não por seu papel reprodutor de formar corpos dóceis e promover uma educação bancária, como bem criticaram, há décadas, Bourdieu, Foucault, Paulo Freire, entre outros, cujas lições devem ser lembradas sempre.

Quero pertencer para que
minha força não seja inútil.

(Clarice Lispector, 1992)

Não se pretendeu dar às análises empreendidas no capítulo 4 e nas "Considerações finais" um caráter meramente de denúncia à fragilidade das políticas de assistência ou criticar os programas de atendimento no município de Marília, em especial o projeto Casa do Pequeno Cidadão. São analisadas as percepções dos educadores, dos meninos sobre o projeto e, sobretudo, as atividades de rotina (apoio escolar, esporte, dança, coral, entre outras) oferecidas pela Casa, sem dúvida importantes para os meninos formarem hábitos e, nesse sentido, aprenderem habitar sua "casa" interna e arrumar sua desordem subjetiva. Entretanto, não basta que a Casa se ofereça como uma terra firme às demandas desses meninos, no lugar da areia movediça que é a rua; não basta que o educador seja para eles um porto seguro e que vá para as ruas à caça de seu direito de ser protegido e educado em um programa de atendimento, como reza o Estatuto da Criança e do Adolescente (ECA), se a Casa cassa a palavra, tanto dos meninos como dos educadores, se ambos são "falados" pelo discurso institucional.

Há um pedido de pertencimento a si mesmo e à sociedade que esses meninos fazem a todos nós, que só será ouvido se removerem essa crosta que a rua e não raras vezes a instituição que os acolhe ajuda a cimentar, silenciando o desejo *humano* (palavra derivada de *húmus*, qualidade da terra fértil, como adverte Arendt, 2000) de produzir, de estar com e ter parte. Isso exige comprometimento social de políticas públicas, lamentavelmente pouco visto no país; requer profissionais e pesquisadores com compromissos políticos, porque acreditam em uma outra sociedade, mais livre e menos injusta; estéticos, porque tentam fazer da vida e de seu *affair* profissional uma obra de arte; éticos, sobretudo, porque adotam uma postura de *escuta* ao sujeito e, mesmo vestindo a camisa da instituição, não deixam que grude aos seus corpos, para poder tirar quando necessário.

Enfim, foram compromissos dessa ordem, somados à querência de entender a insólita condição desses meninos nas ruas e no projeto Casa, que me impulsionaram a publicar este livro. Sei que entender é complexo, mas também sei que "sou mais completa quando não entendo. Não entender ... é como ter loucura sem ser doida ... Só que de vez em quando vem a inquietação: quero entender um pouco. Não demais: mas pelo menos entender que eu não entendo" (Lispector, 1992, p.178).

I CONTEXTO DA INVESTIGAÇÃO E PROCEDIMENTOS DE PESQUISA

EM DEFESA DE UMA CERTA POSTURA DE PESQUISADOR

A permanência de crianças e adolescentes em situação de rua, em cidades de médio porte como é o caso de Marília-SP, exige que pesquisadores interessados no assunto adotem posturas de investigação eticamente orientadas e comprometidas com a busca de paradigmas de conhecimento que possam lançar outros olhares e permitam uma compreensão multifacetada do problema, visando encontrar soluções mais definitivas.

Em termos de atitudes do pesquisador ou educador social em relação à criança que vive na rua, e que é olhada como sujeito e não assujeitada à condição de objeto de pesquisa, o primeiro passo a ser dado é ultrapassar a reação de horror ao diferente e não-familiar a nós, pesquisadores/educadores que somos, desenvolvendo maior capacidade de *escuta* ao outro, facilitando o descentramento de si e a necessária dialogia entre os parceiros-sujeitos na empreitada do processo de conhecimento. Tarefa esta, a que se propõe o pesquisador, objetivamente dura, no que se refere a seguir os princípios da racionalidade e o "desencantamento do mundo", conforme a melhor "vocação para a ciência", segundo Weber (1970), e a tradição do pensamento iluminista desde o século XVIII; sem, no entanto, "jamais perder a ternura", uma vez que estamos convencidos de que sem investimento afetivo é impossível conhecer algo, como argumentou Freud em "Algumas reflexões sobre a psicologia do escolar" (1969a).

O que se pretende ressaltar é que uma das grandes dificuldades de se avançar na compreensão da problemática em foco é que dificilmente nós, pesquisadores, conseguimos descentrar de nossa posição narcisista e abrir-nos para uma postura de tolerância ao diferente, colocando-nos no lugar desse *outro* que não faz parte do imaginário da criança que julgamos ter sido, e compreendendo a lógica de seu discurso e de sua condição de criança fora do enquadramento familiar ou escolar, típicos de classe média. Esse é um dos alertas feito pela psicanalista Ana Verônica Mautner (1992). Em suas próprias palavras: "nós ficamos paralisados no horror diante do que vemos ou ouvimos dessas crianças nas ruas" (ibidem, p.39).

Ao longo do processo de decisão de realizar esta pesquisa, deparamos com educadores sociais indignados com a falta de sonhos profissionais de meninos em situação de rua, e também com outros educadores, bastante frustrados, que diziam não saber o que fazer perante a opção deliberada por parte de alguns desses meninos de permanecer nas ruas, a despeito de existirem projetos como o da Casa do Pequeno Cidadão (CPC), que oferece apoio escolar, cesta básica às famílias etc. Há de se considerar que muitos de nós, pesquisadores ou educadores, inconformados com a diferença ou com a impossível alteridade (dificuldade de sair de si para o *outro*) e ainda para aplainar a ansiedade demandada pelo nosso exercício profissional, podemos nos colocar defensivamente na posição de querer resolver rapidamente o problema, trazendo essas crianças em situação de rua, mesmo à força, para uma condição que se julga normal e correta ao seu desenvolvimento psicossocial, no seio da família, da escola, ou da instituição asilar.

O princípio da tolerância,[1] enquanto norteador da atitude do pesquisador de olhos livres para enxergar o diferente ou o *outro* é

---

1 Ter tolerância significa colocar no horizonte de suas ações de pesquisa o compromisso com o devir de uma sociedade efetivamente democrática, plural, o que não quer dizer complacência com a condição existencial vivida por essas crianças na rua, expropriadas do convívio familiar e das possibilidades de

fundamental, a nosso ver, a fim de que se possa captar *ecologicamente* – para referirmo-nos ao alicerce epistemológico que norteou a presente pesquisa – os movimentos de constituição da subjetividade dessa criança de/na rua, dentro de sistemas simbólicos de relações.

Decorre dessas considerações que, para sairmos da usual reação paralisante de horror diante da criança que vive em situação de rua, faz-se necessário reconhecer o outro na diferença e no que lhe é singular, atitude esta que se encontra assustadoramente em baixa nas relações humanas, hoje dominadas pelo isolamento e pelo individualismo. Estas são as prerrogativas do que se tem denominado *cultura do narcisismo*, às quais também o pesquisador está submetido.

Segundo o psicanalista Joel Birman, em seu ensaio *Mal-estar na atualidade* (1999), o que justamente caracteriza a cultura do narcisismo "é a impossibilidade do sujeito admirar o outro em sua diferença radical ... O outro lhe serve apenas como instrumento para o incremento da auto-imagem, podendo ser eliminado como um dejeto quando não mais servir para essa função abjeta" (p.25).

Importante lembrar que a sociedade narcisista é o terreno cultural propício às diversas formas de preconceito, intolerância e aniquilação do outro, onde também a atitude do pesquisador poderá se inscrever como uma delas. O mesmo alerta vale para os profissionais (educadores, sociólogos, assistentes sociais, psicólogos etc.) que trabalham diretamente com segmentos estigmatizados da sociedade, como é o caso dos meninos e meninas que vivem nas ruas.

É claro que, de certa maneira, todo conhecimento ou relação social estabelecida entre pessoas está imbuído de pré-conceito, no sentido de que é impossível se conhecer algo ou alguém estando livre de um crivo prévio de perceptos ou concepções que têm por função assimilar o novo a conhecer em um *esquema mental* estruturalmente já consolidado no indivíduo, para usar uma expressão

---

aprenderem com seus pares na escola. "Não significa uma disposição passiva ou permissiva. Representa uma atitude de reconhecimento dos direitos e das liberdades fundamentais do outro" (Waiselfisz, 1998, p.52).

cara ao epistemólogo Jean Piaget. Pode-se dizer, ainda, que o pré-conceito parece inerente ao processo de construção do pensamento, uma vez que parece próprio da atividade de pensar "antecipar-se à realidade e prevê-la", conforme sublinha Landa (1998, p.73) em uma rica interpretação a respeito desse assunto.

Porém, interessa referirmo-nos ao preconceito que paralisa o pensar, e nesse caso o preconceito constitui uma violência contra o pensamento que pode, ou não, transformar-se em ato violento dirigido ao *outro* na realidade, caso este se torne uma ameaça narcísica insuportável para o sujeito, mesmo que se trate de um processo ameaçador inconsciente. Não cabe aqui fazer maiores digressões a propósito da forma preconceituosa de conhecer ou de estabelecer relações. Mas, ao menos, importa ressaltar que um lugar ético, e não moralizador, ocupado por pesquisadores ou profissionais que atuam diretamente com esses meninos nas ruas ou nos programas de atendimento, poderá se constituir em um antídoto, por assim dizer, ao preconceito que engessa o pensamento e impede a necessária compreensão redimensionada da problemática em pauta.

OS CONTORNOS DO PROBLEMA DE PESQUISA

Apesar de não ser possível precisar o número de crianças e adolescentes que sobrevivem atualmente nas ruas de Marília-SP,[2] é inegável que o número de crianças nessa situação decresceu, pelo menos nas ruas centrais, posteriormente à atuação dos conselheiros tutelares, dos educadores sociais de rua e da criação de programas de atendimento como o projeto municipal Casa do Pequeno Cidadão, em 1997. Antes do projeto CPC, direcionado aos meninos e meninas em situação de rua, existia na cidade de Marília apenas o Barracão, que era mantido pela Cáritas Diocesana.

No ano 2000, foi possível conhecermos um pouco melhor o projeto CPC, criado pelo governo municipal em Marília no ano de

---

2   Dados da Prefeitura Municipal, levantados em 1996, acusaram a existência de 55 crianças/dia, contrastando com números mais elevados, 79 crianças/dia, por nós encontrados no final do ano de 1994 (Justo, 1995b).

1997, por meio de visitas sistemáticas às seis unidades que já o compõem, o qual atende, segundo informações prestadas por uma das coordenadoras do projeto, cerca de quinhentas crianças e adolescentes de idade entre 7 e 18 anos.[3] Trata-se de um projeto que provê aos participantes, no período em que não estão na escola, alimentação e desenvolvimento de atividades esportivas, principalmente futebol, e outras de cunho artístico-cultural: oficinas de canto coral, dança, artesanato, excursões etc., além de atividades de reforço escolar.

Como se ressaltou anteriormente, a presente investigação teve também como propósito, ao lado de contribuir para a área de conhecimento onde o problema de pesquisa se insere, fornecer elementos para a reflexão sobre a política pública de atendimento às crianças e adolescentes em situação de risco, na cidade de Marília. Trata-se, sem dúvida, de uma pesquisa de alcance limitado, todavia interessada em redimensionar a compreensão dessa problemática, à luz principalmente de uma interlocução com a Psicanálise e paradigmas de análise que permitam vislumbrar a complexidade de fatores a ela vinculados no âmbito cultural, econômico, educacional e familiar.

Paralelamente à busca de uma reflexão teórica ampliada, a pesquisa também enveredou por fazer entrevistas com meninos e meninas que vivem nas ruas principais de Marília, procurou colher as representações de educadores sociais e lideranças comunitárias a respeito do problema focalizado, além de tentar conhecer mais de perto o projeto Casa do Pequeno Cidadão, mediante o desenvolvimento semanal de vivências e oficinas de fotografia com um grupo de meninos beneficiados pelo projeto, transcorridas de setembro a dezembro de 2000.

A determinação de realizar algumas dinâmicas de grupo e oficinas com meninos em situação de rua freqüentadores da CPC, mesmo se tratando de um grupo pequeno (inicialmente vinte e depois reduzido a doze participantes), pautava-se pelo interesse de contribuir para acumular conhecimento em uma área específica de estudo, e também pelo compromisso social de querer realizar uma

---

3 Segundo dados publicitários da prefeitura, divulgados em abril de 2003, o projeto conta com sete unidades e são atendidos 1.100 crianças e adolescentes.

pesquisa-ação[4] que pudesse interferir de algum modo no cotidiano vivido por esses meninos; compromisso este derivado da consciência que tínhamos de que para eles a falta dos direitos da cidadania atravessa de forma muito concreta suas vidas.

Na família, dificilmente encontram interlocutores para discutir seus problemas. Na escola, o diálogo com a maioria dos professores também é complicado, os assuntos da escola estão longe de seus interesses e, fora dela, alguns se deparam com a necessidade de trabalhar ou esmolar para contribuir no orçamento da família, acrescido do fato de não haver uma rede de apoio social e de lazer sustentável. Muitas vezes os programas de atendimento a essas crianças e adolescentes limitam-se a prover alimentação, oferecer atividades de reforço escolar e, quando muito, oferecem algumas de caráter profissionalizante, mas sem auscultar devidamente suas aspirações. Além disso, as famílias não são atendidas no que mais precisam: políticas de geração de empregos. Ao contrário, ainda subsiste o uso político de doação de cestas básicas àquelas mais necessitadas, embora esse assistencialismo já tenha sido alvo de inúmeras críticas e questionamentos.

O resultado desalentador de tudo isso, quer para os profissionais quer para as pessoas atendidas, é sobejamente conhecido, bastando atentar para a rotatividade expressiva de crianças e adolescentes que acabam passando por diversos programas de atendimento, alternando períodos de estada na rua com uma freqüência bastante instável nos programas existentes.

Com o intuito de contribuir para a reflexão a respeito do trabalho que especificamente o projeto Casa do Pequeno Cidadão vem desenvolvendo na cidade de Marília, pareceu-nos não haver outro caminho senão começar pela aproximação a esses meninos e meninas atendidos pelo projeto, penetrando no cotidiano vivido por eles na instituição e nas ruas. Ao lado de querer melhor conhecer esses meninos, intencionávamos também nos aproximar dos educadores sociais, adotando uma posição de escuta às suas difi-

---

4   Ou pesquisa participante e de intervenção, nos moldes defendidos por Brandão (1985).

culdades e angústias, geradas, por vezes, pelo papel mais *político* do que pedagógico-social que lhes cabe desempenhar junto aos meninos, como se queixou uma de nossas entrevistadas, fazendo o seguinte comentário: "Eu queria sentar com eles, sem pressa, mas a gente tem que fazer eles desaparecerem logo da rua, senão vem bronca" (Entrevista 4; vide Anexos).

Quem são os meninos que sobrevivem nas ruas de Marília? Tal indagação básica se desdobrou em outras mais específicas, roteirizadas posteriormente em entrevistas individuais (vide "Roteiro de entrevista", nos Anexos) que realizamos com meninos freqüentadores ou não do projeto CPC, a saber: Quais os sentidos que atribuem à sua história de vida?; Quais seus sonhos para o futuro?; Que motivos atribuem para o viver nas ruas?; Que imagens têm da escola, da família, da vida nas ruas, do Projeto Casa do Pequeno Cidadão?

Essas indagações foram objeto de consideração em entrevistas realizadas com quatro meninos e uma menina, que vivem nas ruas centrais de Marília e não freqüentam a CPC, e com duas meninas e sete meninos usuários da CPC. Todavia, elas também foram respondidas, nem sempre de forma verbal, ao longo das oficinas e sessões de dinâmicas de grupo realizadas, como também por meio de imagens fotográficas produzidas pelos sujeitos participantes da pesquisa que freqüentavam a Unidade III da CPC.[5] Foram também colhidas, por meio de entrevistas, as representações sobre o viver nas ruas de uma mãe de três crianças que participaram da pesquisa, de duas educadoras sociais que trabalham na CPC e do presidente da associação de moradores de um dos bairros que apresenta um número expressivo de crianças em situação de risco social. As entrevistas com os adultos obedeceram a um roteiro de questões a respeito da política de assistência ao setor infanto-juvenil na cidade de Marília e sobre as razões que, no entender deles, podem levar crianças e adolescentes para as ruas e fazer que se fixem nelas, a despeito de existir o projeto CPC.

---

5   O perfil dos meninos entrevistados e a descrição das oficinas e vivências figuram às páginas finais do livro.

VIVÊNCIAS EM UM GRUPO DE PERTENCIMENTO

Foi formado um grupo de vivências, recurso que vem sendo cada vez mais utilizado em pesquisas, não somente na área da psicologia, mas na educação e nas ciências humanas em geral, do qual participavam inicialmente treze meninos e meninas atendidos pelo projeto Casa do Pequeno Cidadão, de idade entre 11 e 15 anos. Ao término da pesquisa, em razão de alguns terem sido transferidos para outra unidade da CPC ou devido aos freqüentes ensaios do coral e da fanfarra, dos quais alguns participavam e cujos horários conflitavam com as vivências em grupo por nós realizadas, o grupo ficou reduzido a apenas sete adolescentes.[6]

Os participantes das vivências foram escolhidos observando-se o interesse e a disponibilidade de cada um, sendo estabelecido que três seriam do sexo feminino e os demais do sexo masculino. O critério de escolher mais meninos do que meninas pautou-se no fato de as estatísticas apontarem um número incomparavelmente maior de meninos que sobrevivem nas ruas. A faixa etária dos integrantes do grupo, 11-15 anos, foi estabelecida considerando-se o nível de dificuldade das atividades de dinâmica de grupo propostas e das oficinas de fotografia que seriam desenvolvidas com eles.

A idéia de propor como estratégia de pesquisa a formação de um grupo de vivências ambientadas em um espaço de pertencimento e diálogo deveu-se à consciência que tínhamos de que os sujeitos que fariam parte do grupo estariam ingressando (ou já estão) na adolescência, período perpassado por muita angústia e dúvidas existenciais. Trata-se, sabidamente, de um período difícil, em que se começa a lutar para construir uma trajetória de vida pessoal e singular.

No dizer da psicanalista Françoise Dolto (1994) a fase da adolescência é um delicado período de transição, em que o sujeito tem que matar simbolicamente a infância, juntamente com os heróis

---

6   Muitos dos integrantes do coral ou da fanfarra manifestaram descontentamento e sinais de cansaço pela obrigação de se apresentarem nas inaugurações de obras públicas ou inúmeras festividades promovidas pela prefeitura no final do ano.

familiares que a suportaram e rumar para o desconhecido, negando valores sedimentados, buscando uma identidade própria e outras identificações; um processo permeado por conflitos, incertezas e ambivalências. Ou seja, o sujeito está aberto para o outro, mas, ao mesmo tempo, centrado em seus interesses particulares e problemas existenciais.

Algumas das conseqüências dessa descoberta do mundo podem-se observar em atitudes de contestação de valores, de rebeldia contra os pais e professores e na diminuição do interesse pelo estudo. Ao entrar para a pré-adolescência, por volta dos 11 anos, segundo pondera a psicanalista citada, a criança se encontra bastante vulnerável às influências dos grupos de sua idade "e, nas ruas, se ocorre de o menino ser franzino, torna-se presa fácil e acaba se submetendo aos desmandos dos mais fortes, como condição para se integrar ao grupo" (ibidem, p.53).

Na escola, é muito difícil o adolescente ver sentido no que estuda para ajudá-lo a resolver seus problemas existenciais. Além disso, os professores ganham mal e não se constituem em exemplos de pessoas que deram certo na vida; a burocracia escolar é acachapante, os conteúdos escolares são vazios de significado, e pouco ou nada servem aos seus interesses; enfim, a escola tem roubado a curiosidade e o prazer de aprender do aluno, bem como sua vontade de se esforçar para permanecer nela. Daí a importância que assume para o adolescente o grupo de rua, pois fazer parte de uma *galera* ou de uma *gangue* passa a ser *da hora*, alimenta sua atitude de rebeldia e seu desejo de liberdade. No fundo, o que ele busca é um espaço de *pertencimento*, onde possa se sentir ancorado para enfrentar o desafio comum à sua idade: afirmar-se perante o mundo e os outros que aí se encontram.

Disse Hannah Arendt, expoente pensadora da contemporaneidade, que "não se adquire nunca a humanidade na solidão. Somente poderá adquiri-la aquele que expõe sua vida e sua pessoa aos riscos da vida pública" (apud González Rodríguez, 1995, p.20). Talvez esta seja uma das razões pelas quais muitos meninos e meninas vão para as ruas: incapazes de suportar a solidão conseqüente à violência das exclusões familiar, escolar e social das quais são vítimas, acabam se expondo e arriscando a vida nas ruas, em busca de sentido para sua existência.

Compreendendo essa demanda de afirmação existencial, própria de pessoas que estão buscando sua identidade e em complicado trânsito da infância para a vida adulta, é que passamos a vislumbrar maneiras de garantir para esses pré-adolescentes um espaço de interlocução, onde se sentissem ouvidos e acolhidos no que tivessem para expressar, questionar e, ao mesmo tempo, percebessem que também a escola, seus professores, bem como os educadores sociais da Casa do Pequeno Cidadão e os próprios colegas co-participantes do grupo têm muitas coisas a lhes dizer e ensinar.

Foi esse pensamento emblemático do desejo adolescente: "eu quero pertencer para que minha força não seja inútil e fortifique uma pessoa ou uma coisa", escrito por Clarice Lispector (1992, p.34), que também impulsionou nossa iniciativa de propor, como uma das estratégias básicas para melhor conhecermos esses vinte meninos e meninas que constituiriam o grupo de pesquisa na CPC, a formação de um espaço de *pertencimento* junto com eles, ou seja, um espaço em que se sentissem vinculados entre si e pertencendo a um grupo, onde livremente pudessem expressar sua subjetividade, compartilhando das atividades propostas pela pesquisadora, nada mais do que algumas dinâmicas grupais criteriosamente escolhidas e ajustadas ao propósito de se tentar responder às inquietações da pesquisa em desenvolvimento.

No intuito de construir esse espaço de pertencimento e de diálogo, compreendemos que a pedra inaugural do processo de *convivência* com os sujeitos que participariam da pesquisa era assumir uma postura de despojamento de certos valores e preconceitos a partir dos quais costumeiramente se pautam as ações educativas direcionadas a essas crianças estigmatizadas como *menores*, *carentes* etc., e irmos desenvolvendo uma nova postura de pesquisadora e um outro olhar dirigido a eles que possibilitasse ampliar nosso horizonte de compreensão do seu viver nas ruas e sua resistência freqüente ao convívio familiar ou escolar estável.

Além disso, era também importante, nas vivências e dinâmicas de grupo desenvolvidas com eles (e coerentes com uma certa postura de pesquisador, que defendemos), ter aceso em nossa lembrança que "caridade não é solidariedade",[7] mantendo clara a diferença conceitual entre *caridade*, entendida como a atitude de alguém bom ou pessoa virtuosa que presta ajuda unilateral a pessoas estranhas, ditas carentes, e *solidariedade*, que supõe gestos recíprocos de ajuda, pautados no reconhecimento da base humana igual, comum a todos, e na percepção das diferenças não como elementos estranhos, mas como partes inerentes da diversidade cultural.

A idéia do espaço de pertencimento também respondia à necessidade de se reconhecer que na adolescência deveria ser permitido tentar e errar; ter atitudes contraditórias, ser rebelde (com causa) e inconformado com as dores da existência; negar-se a estudar, pois diante de uma escola degradada como temos hoje a rebeldia em forma de negação ao esforço individual é, até certo ponto, esperada e desejada, sinal de que não se está morto.

A nosso ver, era importante que o espaço-grupo de pertencimento oferecesse aos participantes o apoio emocional necessário, enquanto um grupo suporte e de referência, que cada um se sentisse integrado e respeitado no seu modo de ser e ver o mundo, que o grupo se tornasse interessante e significativo na vida deles, abrisse janelas para um olhar novo e compartilhado sobre si mesmo e o outro, possibilitasse ver coisas nunca vistas antes.

Com esse propósito, assumimos que seria importante discutir com o grupo o desejo de cidadania, sem desconsiderar que há processos de subjetivação dos quais se derivam organizações subjetivas incompatíveis com o exercício da cidadania, pelo menos em termos ideais. Ou seja, para se viver como cidadão, exercendo a própria palavra, é preciso ir construindo um determinado tipo de subjetividade, uma maneira de aprender a ser junto com outros. Para tanto, quando adolescentes, "ao deixarmos a casa dos pais para rodar a roda da vida" – destino inexorável de todo sujeito humano, como adverte o filósofo frankfurtiano Walter Benjamin (1984), é preciso encontrar um grupo de pares onde se possa sentir valorizado e único, ao mesmo tempo incluído entre iguais. Quando, ao contrário disso, o sujeito não encontra esse lugar simbólico na so-

---

7 A frase "caridade não é solidariedade", atribuída ao cineasta Pasolini, foi tomada como epígrafe no filme-documentário *Guerra dos meninos* (1982).

ciedade, padece de um desinvestimento libidinal de seu eu narcísico; em decorrência, o viver na rua poderá figurar como resposta a essa falta de satisfação de ter lugar no desejo do outro. A rua é o lugar dos indesejados e destituídos de toda sorte, que se perdem na multidão anônima e se mantém em pé, não por força própria, mas por estarem escorados uns nos outros.

Em síntese, para fazer um contraponto à situação de desamparo em que se encontram esses meninos, nas ruas ou nos projetos de atendimento, era imprescindível estabelecer com (e entre) eles laços de afetividade que lhes servissem de suporte nesse difícil momento de preparação para o mercado de trabalho e inserção no mundo adulto. Ao contrário da educação formal na escola, via de regra percebida como um espaço de indiferença, urgia que todos percebessem o grupo como interessado em seus problemas existenciais cotidianos, os mais comezinhos; que o grupo os estimulasse a uma participação ativa nos assuntos da família, da CPC, da rua, da escola, enfim, dos rumos que suas vidas iam tomando.

Nosso propósito era formar um grupo de vivências e realizar com eles algumas dinâmicas de grupo, criteriosamente criadas ao longo do processo e não previamente pensadas e impostas, que pudessem complementar os dados que seriam coletados nas entrevistas e permitissem penetrar mais densamente em suas representações a respeito da família, da escola, do projeto CPC, do viver nas ruas; dinâmicas de grupo estas que também favorecessem o autoconhecimento e aguçassem a percepção da violência da exclusão social contemporânea. Além disso, as dinâmicas de grupo, realizadas uma vez por semana na CPC, nos permitiriam melhor conhecer a instituição e estreitar relações com os educadores sociais que trabalhavam nela.

No contato com o cotidiano da CPC e com a equipe profissional que trabalhava diretamente com os meninos, quer na Casa quer nas ruas, nosso intuito era também poder contribuir com reflexões e disponibilizar aos educadores sociais textos que pudessem auxiliá-los na ampliação de sua percepção crítica a respeito dos inúmeros fatores de violência cultural, econômica, familiar e escolar implicados nas dificuldades por eles enfrentadas para tirar os meninos da rua ou tirar a rua dos meninos, o que exige uma compreensão mais aprofundada dos sentidos do viver na rua, conforme sublinha a psicanalista Tânia Ferreira (2001).

Sabemos o quanto todos nós estamos vulneráveis à massificação do conhecimento, sujeitos a informações banalizadas e supérfluas difundidas pela mídia sensacionalista – e o educador social não escapa disso – a respeito das crianças e adolescentes em situação de rua, geradoras de preconceitos e atitudes morais impeditivas de uma compreensão multifacetada e radical – ir às raízes – do problema. Registramos, em entrevistas e conversas informais travadas ao longo da pesquisa com educadores sociais, comentários como estes: "eu até compreendo quando a polícia faz operação limpeza das ruas", "a rua tá tão limpinha" (referindo-se à quase ausência de meninos nas ruas centrais de Marília). Não se trata de criticar representações como a transcrita, culpabilizando o educador social, mas reconhecer a necessidade de investir em sua melhor formação, garantir salário[8] compatível com a qualidade esperada no exercício da função, para que se possa, enfim, exigir do educador compromisso social.

Acreditando ser possível caminhar efetivamente rumo à construção da cidadania dessas crianças e adolescentes atendidos pelo projeto CPC e no intuito de melhor conhecer sua subjetividade e contribuir para a reversão de sua condição de pessoas à mercê de situações de risco, tanto pessoal como social, que interferem negativamente no processo de se constituírem como sujeitos autônomos, e apostando no desenvolvimento de suas habilidades cognitivas, sobretudo em um futuro que lhes seja gratificante, os pressupostos norteadores das reuniões de grupo e oficinas realizadas na CPC foram basicamente estes: necessidade de se abrir um diálogo franco com eles, para melhor conhecer suas experiências do vivido e os saberes que traziam, diferentes dos nossos; necessidade de procurar estreitar os vínculos entre eles mesmos – e entre nós e eles –, estabelecendo relações recíprocas de confiança em um espaço de pertencimento; necessidade de estimular junto com eles a reflexão

---

8 O salário pago aos educadores sociais, referente a novembro de 2000 (cerca de R$ 550,00), era incomparavelmente menor ao salário dos professores municipais, em torno de R$ 800,00.

de suas condições de vida, vinculando-as aos problemas sociais, desde os mais amplos, da esfera macropolítica-econômica e cultural, até os emergentes na esfera de suas microrrelações travadas na família, na escola, na Casa do Pequeno Cidadão e na rua, inserindo-os em discussões grupais geradoras de mais reflexão e propostas de outras vivências e dinâmicas de grupo.

Tais pressupostos estão embasados no princípio da ação-reflexão-ação, conforme defendeu o educador Paulo Freire (1995, 1999) em inúmeras obras, ou seja, partir da prática concreta para aprofundar fundamentos teóricos e avançar na reconstrução permanente da própria prática de pesquisa, abrindo-nos ao movimento espiralado da contínua busca do conhecimento.

Visando criar um clima de confiança e respeito entre todos nós que integraríamos as reuniões semanais do grupo, logo na primeira reunião esclarecemos os objetivos da pesquisa, explicitando os motivos da proposta de reuniões grupais enquanto instrumento de investigação, e enfatizando que, além disso, seriam realizadas entrevistas individuais e desenvolvidas algumas atividades em grupo, destacando-se a realização de algumas oficinas de fotografia, também com o intuito de pesquisa.

OFICINAS DE FOTOGRAFIA

Além das discussões em grupo e realização das vivências – instrumentos de pesquisa que se valem das possibilidades que a comunicação verbal oferece e que são correntemente usados nos diversos ramos do saber –, também utilizamos a fotografia, recurso este bastante conhecido como fonte histórica ou empregado em estudos etnográficos, sobretudo no campo da antropologia, porém ainda pouco valorizado em pesquisas desenvolvidas nas áreas de educação ou psicologia.

A idéia de usar ensaios fotográficos dos próprios sujeitos participantes da pesquisa adveio de nossa leitura de autores que defendem a sua utilização nas ciências humanas, como Goetz (1988), do conhecimento de pesquisas realizadas por Monteiro (1994) e pela equipe técnica do Centro de Estudos e Pesquisa em Educação,

Cultura e Ação Comunitária (Cenpec, 1998b) e particularmente de nosso contato com um programa de atenção à infância de risco, na cidade de Barcelona (Espanha), em que o laboratório de fotografia – aprender a fotografar e produzir fotos – revelou-se como uma atividade altamente profícua na recuperação da auto-estima dos beneficiados pelo programa.[9]

Cabe sublinhar que o universo estudado por Monteiro também fora meninos em situação de rua, da cidade de Fortaleza-CE, e os participantes da pesquisa realizada pelo Cenpec foram adolescentes de algumas escolas públicas de São Paulo.

Como se assinalou antes, nosso objetivo nas discussões em grupo, através do *espaço de pertencimento*, cuja idéia, vale ressaltar, surgiu a partir da leitura da pesquisa realizada pelo Cenpec, era assumir uma posição de escuta para ouvi-los e conhecê-los mais profundamente, facilitando também entre eles o aprendizado dessa atitude de escuta do outro e de desenvolvimento do olhar. Para tanto, realizamos algumas oficinas em que aprenderam a fotografar.

Pretendíamos conhecer como se autopercebiam e exercitavam, através da fotografia, o olhar – uma forma de apreensão do outro pouco valorizada. O recurso da fotografia nos pareceu um instrumento extremamente significativo, e também atraente aos participantes da pesquisa, para apreendermos a visão de mundo deles, as representações que têm da rua, da família, da escola, da sociedade em que vivemos. Ao mesmo tempo, havia a intenção, como dissemos, de compartilhar olhares e aprender a respeitar diferentes pontos de vista.

Enfim, lançamos mão das oficinas de fotografia, a exemplo do projeto que conhecemos durante estágio de estudos realizado em Barcelona, a fim de que os sujeitos que aceitaram participar da pesquisa registrassem imagens do cotidiano vivido, das pessoas com as quais conviviam, e com isso pudessem fazer o registro de sua memória, contraponto da imediatez de suas vidas premidas pela

---

9 Trata-se de um projeto pedagógico exemplar de uma das cinco unidades estatais de internação de adolescentes infratores, da Província da Catalunha, que tivemos oportunidade de conhecer, em 1998, através do "convênio inter-campus" existente entre a UNESP e as universidades espanholas

cruel sobrevivência do *aqui, agora*, inaugurando, assim, uma possibilidade discursiva sobre si mesmo e recuperando a noção temporal de ligação do presente ao passado e ao futuro. Afinal, como reflete o escritor Carlos Drummond de Andrade, "Que pode a câmara fotográfica? / ... ajuda a ver e a rever, a multi-ver / O real nu, cru, triste, sujo. / Desvenda, espalha, universaliza. / A imagem que ela captou e distribui. Obriga a sentir, / A, criticamente, julgar, / A querer bem ou a protestar, a desejar mudança" (apud Cenpec, 1998b).

Além do mais, o interesse manifestado pelas crianças e adolescentes em participar do grupo de pesquisa foi sem dúvida bastante influenciado por essa possibilidade de aprender a fotografar e tirar fotos dos amigos, da família etc., desde logo anunciada na exposição dos objetivos da pesquisa e no convite que lhes fora feito para participar do grupo. A fotografia, como bem está escrito no texto da pesquisa realizada pelo Cenpec,

> exerce um fascínio sobre todos nós, uma vez que ela oferece a possibilidade de captar aquilo que estamos vendo de maneira instantânea, sem que precisemos nos esforçar muito para isso, limitando-nos a apertar um botão. No entanto, ao refletirmos mais detalhadamente sobre o que é uma fotografia, percebemos que a semelhança que ela apresenta em relação à realidade é bastante ilusória ... Afinal de contas, mais do que a semelhança com aquilo que foi visto, o importante em uma imagem é que ela seja capaz de expressar algo, oferecendo um vislumbre da nossa maneira de ver as coisas, transmitindo um pouco de nossos sentimentos diante do impacto que a visão do mundo causa em nós. (Cenpec, 1998b, p.21)

Vivemos tempos de retinas fatigadas, de olhos que não vêem. A exposição maciça e veloz de imagens aos nossos olhos apressados, no mundo contemporâneo, banaliza o olhar. Como adverte o escritor Otto Lara Resende, em uma de suas crônicas, publicada no começo dos anos 1990, "há sempre o que ver. Gente, coisas, bichos. E vemos? Não, não vemos ... Nossos olhos se gastam, no dia a dia, opacos. É por aí que se instala no coração o monstro da indiferença" (Resende, 1992).

Exercitar um olhar mais atento ao que está a nossa volta nos permite perceber que ocupamos um lugar no mundo, reconhecendo-nos como sujeitos desse olhar que vê e ao mesmo tempo se vê, na relação com outros. Sabemos das dificuldades de expressão verbal ou escrita dos pré-adolescentes em geral, que podem ser potencializadas pela condição de se viver à margem, expulso da escola, como é o caso dos meninos que vivem nas ruas, com o estigma de perigosos, coitados etc. Além disso, dados de pesquisas, como os registrados por Aptekar (1996), apontam como um fato comum meninos de rua verbalizarem, em situação de entrevista, respostas *politicamente corretas* ou esperadas pelo pesquisador, que de forma alguma correspondem à verdade de seus pensamentos ou sentimentos.

Por todas essas razões, julgamos que o emprego de ensaios fotográficos poderia auxiliar os sujeitos participantes do grupo a dizer o que dificilmente diriam por meio da fala ou da escrita. Mais do que isso: o exercício de fotografar os ajudaria a elaborar uma compreensão mais aprofundada da realidade, a reconhecerem-se como pessoas que têm uma história e vínculos com outros significativos, a perceberem sua ligação com o bairro onde moram, com o lugar e as pessoas com as quais convivem, aspectos estes que também seriam abordados nas entrevistas individuais.

É sem dúvida comum uma pessoa fazer o mesmo trajeto, diariamente, da escola até sua casa, mas não saber dizer o que vê no caminho, porque, de tanto ver, ela já não vê; o familiar embaça nossa vista, não desperta curiosidade. Sendo assim, a atividade de produção de ensaios fotográficos, pelos participantes da pesquisa, tinha como propósito criar condições para aprender a ver com olhar novo coisas esquecidas ou nunca vistas antes, recuperar o frescor de ver pela primeira vez, educando-se para a imaginação e para um olhar multifacetado que vê além, espreita, transvê. É por tudo isso que célebres poetas e literatos, como os citados a seguir, defendem o necessário exercício poético do olhar:

> Fazer poesia é ver coisas não vistas antes. E isso eu aprendi com meu filho de 10 anos. (Oswald de Andrade apud Abramovich, 1982, Prefácio)
>
> Uma criança vê o que o adulto não vê. Tem olhos atentos e limpos para o espetáculo do Mundo. O poeta é capaz de ver pela primeira vez o que, de tão visto, ninguém vê. (Resende, 1992)
>
> O olho vê, a lembrança revê, a imaginação transvê. É preciso transver o mundo. (Manuel de Barros, apud Cenpec, 1998b, Prefácio)

O PERCURSO DAS VIVÊNCIAS E OFICINAS REALIZADAS

Tínhamos o compromisso de demonstrar, desde a primeira reunião do grupo, transparência dos objetivos de nosso trabalho, esclarecendo que estavam nos ajudando na pesquisa, mas sublinhando a importância de se sentirem ajudados, também, por todos nós que passaríamos a integrar o grupo, durante o período de cinco meses estimado para a sua duração.

Assinalamos logo, a exemplo de uma pesquisa conduzida pelo Cenpec em 1998, que uma regra fundamental era a de que, na qualidade de integrantes do mesmo grupo (tanto eu, pesquisadora, como eles, que aceitaram participar da pesquisa), estávamos todos na mesma condição de pessoas participantes. Isso não queria dizer que se pretendia aplainar nossas diferenças de interesses e de classe social, pois todos nós sabíamos que eu seria vista como uma professora da UNESP, pesquisadora interessada em um dado assunto e que as reuniões se dariam conforme orientações específicas, previamente planejadas etc.

Porém, coerentes com uma certa postura flexível de pesquisadora, deixávamos claro nosso intuito em criar um espaço de interlocução e diálogo entre – e com – eles, e que isso só seria possível com o nosso compromisso de uma *escuta* porosa (ou seja, arejada, pela existência de espaços vazios) para ouvi-los em tudo que quisessem dizer, não apenas sobre o assunto específico da pesquisa, mas também as opiniões que eles iam formando a nosso respeito, sobre os assuntos abordados nas reuniões e nas atividades propostas. Além das sessões de vivências em grupo, houve entrevistas individuais com os participantes, nos meses de agosto e novembro de 2000.

Foram realizadas doze oficinas, entre os meses de setembro e dezembro de 2000, utilizando-se várias propostas de dinâmicas grupais adaptadas aos interesses particulares da pesquisa, as quais duravam em média três horas. Cabe esclarecer que a descrição pormenorizada dos procedimentos das oficinas, bem como as tabelas de resultados, figuram como materiais nos Anexos; serão, por ora, brevemente referidos.

As oficinas realizadas com o grupo foram: 1. "Se você fosse..."; 2. "Se você fosse... bicho?"; 3. "Raio X"; 4. "Banda Bate Lata" I e II); 5. "Cenas de violência – esquetes teatrais"; 6. "Representações gráficas sobre a escola"; 7. Oficinas de fotografia: "Quem sou eu?", "Memória da foto"; "Fotos do bairro e da cidade" (vide material descritivo nos Anexos).

Cabe observar que algumas oficinas tiveram um caráter mais objetivo, nas quais utilizaram lápis e papel; estas foram por nós escolhidas e preparadas antecipadamente, sendo esse o caso das oficinas "Se você fosse...", "Raio X" e "Representações gráficas sobre a escola". Nas oficinas "Se eu fosse..." e "Raio X" tentou-se facilitar a projeção de sonhos dos participantes, penetrar em seus medos, percepções a respeito de si mesmos, família e perspectivas profissionais, enquanto na atividade "Representações gráficas..." os participantes foram solicitados a representar graficamente suas relações com a escola, com a família e com o projeto Casa do Pequeno Cidadão.

Ao longo do processo vivencial com o grupo, percebemos o interesse rítmico dos participantes e, também, por músicas do gênero rap, o que nos levou a realizar algumas oficinas de música, desencadeadoras de uma Banda Bate Lata e da criação de algumas letras de rap, que acabaram trazendo um material farto para interpretações. Além disso, os participantes do grupo também produziram esquetes teatrais tematizando espontaneamente diversas situações de violência: assalto a banco, meninos de rua pedindo esmola, envolvimento com drogas e confronto com a polícia etc., que se constituíram em outra fonte valiosa de pesquisa e reflexão conjunta.

Nas quatro últimas reuniões do grupo, trabalhou-se com fotografia. Os participantes do grupo aprenderam a fotografar e a princípio foi-lhes solicitado que fizessem doze fotos, de livre escolha pessoal, que retratassem sua vida. Essa série de fotos foi denominada "Quem sou eu?". Posteriormente, foi feito um passeio fotográfico com o grupo todo pelos bairros onde os adolescentes moravam e por alguns pontos da cidade previamente roteirizados por eles; cada um tirou em média mais vinte fotos, dentre as quais selecionou cinco que considerasse mais significativas, justificando a escolha ou colocando uma legenda na foto escolhida.

Algumas fotos tiradas pelos meninos participantes do grupo encontram-se distribuídas ao longo do livro (com exceção do capítulo 2, no qual traçamos a história da assistência à infância), e serviram não apenas para ilustração, mas como importante material de análise, junto com os registros do diário de campo, dos dados de entrevistas e demais oficinas realizadas.

2 UM OLHAR HISTÓRICO SOBRE A INFÂNCIA E A ASSISTÊNCIA À CRIANÇA

Toma-se como suposto que percorrer a trajetória da infância ao longo dos tempos permite a nós, hoje, enfrentar de modo mais lúcido e com conhecimento de causa os desafios de melhor compreender e de gestar propostas direcionadas às crianças e adolescentes em situação de rua, pois é exatamente esse o sentido que Georges Duby (1998), historiador francês contemporâneo, indica que deve ser buscado na história: "Para que escrever a história, se não for para ajudar seus contemporâneos a ter mais confiança em seu futuro e a abordar com mais recursos as dificuldades que eles encontram cotidianamente?" (p.9).

No que diz respeito à problemática em pauta, sabemos das nossas dificuldades em olhar, em sentido amplo de pesquisa, as crianças que vivem nas ruas. Olhar para elas, e também por elas, na medida em que *olhar uma criança* também pode ser entendido como cuidar, zelar, proteger; entendimento este que também está garantido no texto do Estatuto da Criança e do Adolescente, o ECA. Entretanto, sabemos que não cuidamos ou tampouco zelamos para que todos tenham condições otimizadas para um desenvolvimento biopsíquico e social satisfatório; ao contrário, o olhar classe-média e xenófobo para essas crianças – que não as nossas, de família típica da classe média –, causa horror e pode paralisar nosso entendimento, como tudo que nos é diferente, conforme adverte-nos a psicanalista Ana Verônica Mautner (1992).

Nesse sentido, trilhar o percurso histórico da infância, reconhecendo as semelhanças e diferenças no tratamento às crianças, ontem e hoje, pode ser de extrema importância para a construção de novos conhecimentos e futuras ações, para relativizar nossas concepções e, quiçá, aplainar alguns de nossos medos e preconceitos há muito arraigados no imaginário social. Não se pode congelar as crianças no vivido somente *aqui e agora*, pois nada é a-histórico, e por isso mesmo todo eu para constituir-se precisa das categorias do tempo e da história.

Portanto, o pesquisador precisa situar essa criança particular, sujeito da pesquisa – e a postura do pesquisador conta muito, aqui – relativamente à história e aos contextos coletivos. Pois, assim como é importante ao pesquisador – trabalhador nas áreas de educação e psicologia, como é nosso caso, colocar-se à escuta de cada criança particular de sua pesquisa para apreender uma lógica encoberta no que ela diz e faz, saber ouvir a História da Infância é também uma conduta que lhe prestará grande ajuda para poder inquirir as analogias e diferenças da problemática relativa ao segmento infanto-juvenil da sociedade contemporânea. Olhá-la ao revés muito nos ensina, conforme alerta o historiador Duby nesta significativa passagem de seu texto: "são as variações que nos levam a fazer perguntas. Por que e em que mudamos? E em que o passado pode dar-nos confiança?" (1998, p.13).

Olhar para trás, historicamente, e perceber, por exemplo, que na Idade Média não havia tanta separação entre adultos e crianças, mas com o passar do tempo estas foram sendo segregadas como uma raça à parte, não obstante o *mito da infância feliz* – expressão que será posteriormente objeto de análise – com o advento da modernidade; ou perceber que a família é um grupo tradicionalmente violento e praticante do infanticídio, desde tempos imemoriais, são fatos históricos importantes para, a partir deles, o pesquisador ou os educadores sociais que trabalham diretamente com crianças nas ruas ou em programas de atendimento poderem redimensionar seus olhares perscrutadores sobre o campo de sua investigação ou de trabalho.

SOBRE O INFANTICÍDIO

O direito à vida para crianças pequenas e recém-nascidas, sabe-se, é uma conquista relativamente recente na história da humanidade. Na Roma e na Grécia antigas, como registra Ochoa (1993) em revisão histórica sobre maus-tratos na infância, as crianças careciam completamente de direitos, inclusive o direito a viver dependia da vontade do pai. Este tinha absoluto direito sobre o filho, podia vender, abandonar ou mandar matar.

A mitologia grega é farta de referências a abandono, perseguição, maus-tratos e mandados de morte dos pais às crianças. O caso exemplar de morte, vingança ao absolutismo do poder paterno é encontrado no mito do Rei Édipo, sobejamente conhecido. Nesse mito, o menino Édipo – vítima de abandono e decreto de morte pelos pais – sobrevivera primeiramente à morte porque o pastor encarregado de executar o crime desistiu e o atou a uma árvore (daí, talvez, seu nome Édipo, que etimologicamente significa "pés tortos". Na seqüência do relato do mito, conforme a versão que se popularizou entre nós, Édipo é criado por pais adotivos em Corinto e, sem o saber, volta mais tarde a Tebas, mata o pai, Laio, e desposa a própria mãe, Jocasta.

O direito à vida costumava ser outorgado pelos pais em rituais: a criança recém-nascida era deixada aos pés do pai e, se este desejava reconhecê-la, tomava-a em seus braços; caso contrário, era levada para fora de casa e exposta na rua. Se *vingasse*, ou seja, não morresse de fome ou frio, era pega por qualquer um que quisesse cuidar dela e convertê-la em seu escravo (cf. Ochoa, 1993, p.16).

Na Antigüidade o direito de a criança viver obedecia a rituais e provas, usualmente de dois tipos: provação de alimentos ou exposição do recém-nascido a elementos naturais (frio, imersão em água gelada etc.). Valendo-se de pesquisa histórica de Radbill, Ochoa (ibidem, p.18 ss.) sublinha que no tipo de prova com os alimentos colocava-se sobre os lábios do recém-nascido certa quantidade de leite, mel ou água, que devia ser aceita pela criança para que lhe fosse outorgado viver. A exposição da criança aos elementos naturais era outra prova de sobrevivência usada pelos gregos:

costumava-se atirar os recém-nascidos em um rio gelado e resgatavam-se somente aqueles que choravam.

O costume religioso de batizar as crianças através da imersão, hoje substituído por aspersão de água, também era uma forma de impingir sofrimento a elas. Ainda hoje na Índia, cuja maioria da população vive abaixo da linha aceitável da pobreza, o ritual de imersão de crianças pequenas no rio é usado como uma maneira de testar a resistência física. As crianças saem roxas das águas geladas do rio, provando não ter nenhuma enfermidade que signifique ônus econômico para sua família.

Tal costume religioso asiático remonta aos rituais de culturas antigas, como a greco-romana ou a chinesa. Nesta, as crianças consideradas débeis mentais, os recém-nascidos prematuros, ou as que apresentavam alguma necessidade especial decorrente de anormalidades físicas eram consideradas inaptas para viver. Os gêmeos também eram alvo de extermínio, por serem vistos como endemoniados, o mesmo ocorrendo com crianças oriundas de relacionamentos ilegítimos ou filhos de mães solteiras – os filhos do pecado.

Em suma, a revisão histórica realizada por Ochoa (1993), estudioso espanhol do tema dos maus-tratos na infância, nos permite inferir que o assassinato de crianças é uma prática utilizada desde tempos imemoriais. A Bíblia oferece exemplos reais ou implícitos de indução ao infanticídio. Herodes é conhecido pela matança de crianças, da qual teria conseguido escapar o menino Jesus. O Gênesis, primeiro livro da Bíblia, descreve a exigência de Deus feita a Abraão para sacrificar seu filho Isaac, exigência esta que fora aceita pelo pai, embora o infanticídio não se tenha consumado. Também o mito de Medéia, a mãe enlouquecida que mata os filhos, está representado na Bíblia, através do rei Ahaz que sacrifica os filhos no fogo.

Na Antigüidade, o infanticídio foi costumeiramente praticado no Egito, na antiga Grécia, em Roma, na Arábia, na China e na Índia. Conforme o historiador Phillippe Ariès discorre no livro *História social da criança e da família* (1981), também foi largamente aplicado no decorrer da Idade Média e, de maneira subreptícia, durante a Idade Moderna, até o século XVII. Tempos estes, segundo Ariès, de um infanticídio tolerado, pois não se tratava de uma prática aceita, como a exposição em Roma. O infanticídio era um crime severamente punido. No entanto, era praticado em segredo, corrente e talvez camuflado, sob a forma de acidente: as crianças morriam asfixiadas naturalmente na cama dos pais, onde dormiam. Não se fazia nada para conservá-las ou para salvá-las. (p.17)

Também Flandrin refere-se à prática oculta do infanticídio até o século XVII, sublinhando que a diminuição da mortalidade infantil nesse século não pode ser explicada por razões médicas ou higiênicas; simplesmente as pessoas paravam de deixar morrer ou de ajudar a morrer as crianças que não queriam conservar (apud Ariès, 1981, p.17).

Além da asfixia da criança provocada pelo adulto que usualmente dormia junto com ela na mesma cama, havia a morte por afogamento em fossas ou privadas. Mayall & Norgard apontam como razões mais comuns que justificaram historicamente o infanticídio os seguintes motivos:

> 1. Uma forma de limitar o tamanho da família, isto é, um procedimento de controle da natalidade; 2. Um meio de evitar a desonra e os problemas econômicos resultantes da ilegitimidade de um filho; 3. Uma forma de ganhar poder; 4. Uma forma de descartar crianças deficientes físicos ou mentais; 5. Uma forma de agradar aos deuses e expulsar os espíritos malignos, ou seja, servir às crenças religiosas; 6. Um meio para assegurar estabilidade econômica. (apud Ochoa, 1993, p.19)

O pesquisador Ochoa ressalta ainda (ibidem, p.19-21) outros motivos e superstições que justificavam o infanticídio e a crueldade dirigida às crianças. Particularmente na China e na Alemanha, enterravam-se crianças vivas nos alicerces dos edifícios e diques para assegurar a duração de suas estruturas, prática que se encontra amplamente documentada, ao longo de diferentes períodos históricos e distintas culturas. Explorações arqueológicas realizadas nas moradias da cidade bíblica de Canaã mostraram vasilhas enterradas que continham ossos de crianças.

Também na Europa do século XVII, embora oficialmente condenada, a prática de enterrar crianças para dar vida longa às estruturas das edificações era usual. Ochoa (ibidem, p.19) cita, por exemplo, que foram encontrados restos de crianças em diques de Oldenburg e nas estruturas da ponte de Londres.

O mesmo pesquisador ainda ressalta que maltratar as crianças às vezes decorria de uma curiosidade perversa de poderosos. Exemplo disso é o rei Frederico II, imperador romano do século XIII que, desejando saber que língua falariam crianças privadas da interação lingüística com seus pais (árabe, hebreu ou a língua paterna etc.), isolou um grupo de crianças do convívio com eles. Tais crianças eram apenas minimamente atendidas em suas necessidades físicas, e acabaram todas morrendo cruelmente por falta de carinho e interação humana.

Enfim, estão documentados ao longo da história inúmeros exemplos de crueldades contra as crianças, tendo sido o infanticídio prática corrente até o século XVII, embora de maneira disfarçada. Como vimos, através desta breve volta ao passado, o infanticídio podia estar respondendo a crenças religiosas e superstições dos povos primitivos, ou ser legitimado pelo próprio grupo, como uma prática de controle de nascimentos, de sorte a garantir sua sobrevivência. Já outras formas de maus-tratos às crianças poderiam parecer cruéis e impertinentes, mesmo aos olhos de pessoas da época ou da filosofia prevalecente na cultura. Entretanto, sendo condenável ou não, importa reconhecer que o tratamento dispensado às crianças ao longo do tempo histórico deve contribuir para melhor compreender o lugar que elas ocupam no presente.

NOÇÃO E SENTIMENTO DE INFÂNCIA

O verbete "infância" no dicionário Aurélio é definido como período de crescimento, no ser humano, que se estende do nascimento até a puberdade. Também é corrente, nos manuais de psicologia, a infância ser dividida em dois períodos: a primeira infância, que corresponde aos primeiros cinco anos, e a segunda, que vai dos 6 aos 12 anos; para cada período, o desenvolvimento infantil aparece subdividido em áreas como: desenvolvimento cognitivo, desenvolvimento social, moral etc. e, por sua vez, cada área pode também ser ainda subdividida em fases ou etapas: fase oral, anal, fálica, quando se focaliza o desenvolvimento da personalidade infantil, ou período sensório-motor, pré-operatório etc., em se tratando do desenvolvimento cognitivo.

Porém, sabe-se que essas divisões e subdivisões do desenvolvimento infantil são relativamente recentes e mesmo a noção de infância é própria das sociedades evolutivas, inventada na modernidade, que se firmou nos dois últimos séculos. Mais precisamente, pode-se dizer que foi com o advento da psicanálise e com as teorizações freudianas, no começo do século XX, que a criança passou a ser considerada como sujeito dotado de uma sexualidade particular, com emoções e sentimentos próprios, diferente do adolescente e do adulto. Toda essa seqüenciação evolutiva, ou seja, criança, adolescente e depois adulto, é uma terminologia que não figurava entre as preocupações das sociedades não ocidentais.

Como registra o historiador Ariès (1981), a noção e o sentimento da infância firmaram-se com o advento do individualismo moderno, *pari passu* com as transformações moralistas na educação e na família, que deixou de ser apenas uma referência para transmissão da vida, dos bens e nomes para tornar-se o lugar privilegiado da intimidade e das relações afetivas entre os cônjuges e pais-filhos.

Na literatura, conforme aponta Chombart de Lauwe (1991, p.5 ss.), a infância foi objeto de pouco interesse antes do século XVIII. Ela é encontrada raramente, e em representações negativas, como o faz Bruyère, em 1687: "as crianças são seres altivos, desdenhosos, coléricos, invejosos ... elas não querem sofrer a dor mas gostam de causá-la" (apud Abramovich, 1982, p.7).

Chombart de Lauwe também se refere às representações da infância na Antigüidade, destacando a visão de Aristóteles, para o qual a infância é uma desgraça, assimilada "à porção da alma que é o desejo: irracional, inconstante, intempestivo, alimento necessário, no entanto, à razão e matéria a ser regida pela vontade" (1991, p.8). Ressalta, ainda, a referida estudiosa das representações sobre a infância, as imagens negativas da criança surgidas no século V, com Santo Agostinho, para quem a criança é "antiperfeição": ele a associa com o peso do pecado original no início da vida. Sua influência durará muitos anos, através dos trabalhos de filósofos, teólogos, pedagogos que aliarão a infância à fraqueza ou ao erro (Descartes), que têm que ser superados nas fases subseqüentes da vida.

Reportando-se à Idade Média, Philippe Ariès (1981) observa que não existia o lugar da criança separado da vida adulta. Sua socialização se processava no contato direto com os adultos, participando de festas e jogos comuns, aprendendo os ofícios.

A socialização da criança não ocorria, como hoje, nas escolas maternais ou no seio da família. Era comum a criança ser afastada cedo dos pais e passar a viver em outra casa, junto com um casal e outras crianças; a aprendizagem se fazia no convívio com os adultos e não havia uma preocupação educacional particular direcionada a elas. Ariès não esconde sua preferência pelo estilo de aprendizagem direta e de certa forma anárquica, que caracterizou a Idade Média, assinalando que "força as crianças a viverem no meio dos adultos, que assim lhes comunicam o *savoir-faire* e o *savoir-vivre*" (ibidem, p.16).

As trocas afetivas não eram reservadas ao espaço da família; eram feitas em espaço aberto, nas ruas e praças, do qual participavam todos: familiares e vizinhos, amos e criados, velhos e crianças.

Os jogos e brincadeiras, como sublinha Ariès (ibidem), em capítulo dedicado a esse tema, também eram compartilhados indistintamente por crianças e adultos. A esse propósito, parece instigante puxar na memória uma referência a um quadro do pintor flamengo Pieter Brughel, intitulado *Brincadeiras de criança*, de 1534. Curiosamente, essa obra traz uma série de brincadeiras conhecidas até hoje, como pula-sela, cabra-cega, pião, corda etc.; porém as pessoas que brincam são caracterizadas como adultos. Tratar-se-ia de uma alusão ao fato de as brincadeiras, na época, serem compartilhadas por todos, independentemente da idade, ou de uma representação de crianças vestidas de adultos?

Tal questionamento procede porque, como bem lembra Ariès, a arte figurativa até o século XIII – e até bem mais tarde, como pode-se notar, por exemplo, no quadro *A infanta*, de 1630, do pintor espanhol Diego Velasquez – não representava crianças com uma expressão particular, e sim como adultos de tamanho reduzido. Ariès também sublinha que é o período do Renascimento, por excelência, o período voltado às mulheres e crianças. Em seu entender, há uma verdadeira obsessão pelas crianças e pela relação mãe-criança, celebrizada nas pinturas dos *putti* (crianças nuas) e das madonas (vide, por exemplo, *Monalisa*, de Da Vinci, emblemática da época).

Pode-se dizer, então, com base nos registros iconográficos e na história da arte refeita por Ariès que a descoberta da infância iniciou-se no século XIII, ou seja, na alta Idade Média, mas os sinais de sua franca aparição tornaram-se particularmente realçados a partir do século XVI e durante o século XVII. Em fins desse século, cada família queria possuir retratos de seus filhos, mais tarde substituídos pela fotografia, no século XIX.

Não obstante o sentimento de a infância estar ausente na Idade Média, isso não significa que as crianças fossem rejeitadas e negligenciadas. Ariès adverte que:

> o sentimento da infância não é o mesmo que afeição pelas crianças: corresponde à consciência da particularidade infantil ... Essa consciência não existia. Por essa razão, assim que a criança tinha condições de viver sem a solicitude constante de sua mãe ou de sua ama, ela ingressava na sociedade dos adultos e não se distinguia mais deles. (1981, p.156)

A indiferença às crianças, na Idade Média, também pode ser notada pela quase ausência de alusões a elas e a suas mortes nos diários de família. Na alta Idade Média, por volta do século XIII, Ariès reporta-se ao aparecimento de um esboço de sentimento da infância, denominado *paparicação*, reservado apenas às crianças muito pequenas. Tratava-se de um sentimento superficial, as pessoas se divertiam, como com um animalzinho; se ela morresse, alguns podiam ficar desolados, mas a regra geral era não fazer muito caso, pois outra criança logo a substituiria. A criança não chegava a sair de uma espécie de anonimato (ibidem, p.10).

Além dos registros na arte, o início do sentimento da infância pode ser auferido pelas radicais mudanças ocorridas a partir do século XV, na educação, na arquitetura e na organização do espaço social e familiar.

Tais mudanças se fazem sentir mais particularmente, segundo Ariès, em fins do século XVII. A escola substituiu de maneira imperativa a aprendizagem livre, caracterizada pela mistura de idades e pelo contato direto das crianças com os adultos. Quanto a esse aspecto, Ariès manifesta seu posicionamento crítico:

> Começou, então, um longo processo de enclausuramento das crianças (como dos loucos, dos pobres e das prostitutas) que se estenderia até nossos dias, e ao qual se dá o nome de escolarização ... Essa separação – e essa chamada à razão – das crianças deve ser interpretada como uma das faces do grande movimento de moralização dos homens promovido pelos reformadores católicos ou protestantes ligados à igreja, às leis ou ao Estado. (p.11)

Essa evolução da escolarização está ligada a uma mudança paralela do sentimento das idades e da infância. Na Idade Média, o senso comum aceitava a mistura de idades, uma vez que as pessoas eram indiferentes à própria idéia de idade; já a partir do século XV surgiu uma repugnância à heterogeneidade etária, e as crianças menores passaram a ser separadas e submetidas a uma disciplina estrita, considerada condição indispensável a uma boa educação.

Cumpre observar, como adverte Ariès, que esse movimento moralizador educacional em relação às crianças não surtiria efeito sem a cumplicidade e o interesse das famílias. É que a família passou a organizar-se em torno do cuidado e da proteção à criança, que vai deixando o anonimato e passando a ser "sua majestade, o bebê" – conforme sublinha Freud em seu ensaio "Sobre o narcisismo" (1969b) – ocupando o centro das atenções familiares. Os laços afetivos entre pais e filhos se fortalecem, limita-se o número de filhos para garantir o cuidado necessário com a prole.

A dinâmica das relações entre a família e a sociedade mais ampla também vai-se modificando. Partindo de documentos históricos, Ariès (1981) toma o começo do século XVIII para situar o recolhimento da família, longe da praça e da vida coletiva nas ruas, para uma maior intimidade no espaço fechado da casa. A organização e a disposição dos cômodos também sofrem mudanças para atender às regras dessa nova ordem de recato e intimidade, característica da "civilização do segredo" (expressão usada por Ariès). Aos poucos a arquitetura de interiores vai se modificando, aparecendo um corredor de comunicação entre os cômodos (antes, estes abriam-se um para o outro) e progressivamente se estabelece a especialização dos compartimentos da casa, dividida em salas de visita e jantar, quarto de dormir etc.

Nesse particular aspecto arquitetônico, conforme nos faz ver Ariès, o estilo de palácio florentino, predominante entre os séculos XIII-XV, caracterizava-se por um terraço que dava acesso à rua, permitindo um fluxo contínuo entre o espaço público e o privado, havendo somente uma torre que servia de refúgio para as pessoas, em caso de sentirem-se ameaçadas. Posteriormente, o interior da casa passou a ser ornamentado com objetos pequenos e há um interesse pelos espaços entrecortados.

Cabe também enfatizar que as mulheres e as crianças passam a gozar de um estatuto não registrado antes na história, fartamente representadas na figura dos *putti*, nas madonas e na iconografia de interiores, marcada pelas *miniaturas*, emblemáticas da busca de intimidade e do espaço familiar privado.

Tudo isso prepara o terreno, no início do século XVI, para a emergência de um segundo sentimento da infância. Conforme se ressaltou antes, as crianças deixam de ser vistas como "brinquedos encantadores" (Ariès, 1981, p.164) paparicados e passam a ser consideradas pessoas que necessitavam ser disciplinadas e bem educadas.

A partir do século XVIII, intensificaram-se os cuidados com a higiene e saúde infantis – a criança havia, pois, assumido o centro da atenção e das preocupações familiares. Portanto, torna-se importante ressaltar que é no bojo das transformações da família (que deixa de ser mero agente de transmissão da vida e dos bens para exercer uma função afetiva, estreitando os laços entre pais e filhos) e de suas relações com o espaço público (a família se refluiu para a intimidade da casa) e com a educação (antes passada diretamente de uma geração a outra, depois restrita aos claustros das escolas especializadas segundo divisão por idade) que a noção e o sentimento da infância apareceram.

As concepções a respeito da infância sofrem transformações ao longo do século XVII, sobretudo influenciadas pelas idéias dos enciclopedistas e rousseauístas; a criança passa a ter um lugar cada vez mais importante na sociedade e, cinqüenta anos mais tarde, torna-se objeto de mitificação na literatura. Conforme argumenta Chombart de Lauwe (1991), os homens descobrem que não existe apenas uma maneira de ser humano, o adulto perde seu prestígio de modelo único, assume consciência da variedade das formas de existência humana através das culturas e dos tipos físicos diferentes. Por outro lado, adverte a autora,

> nasce a percepção racista que cristaliza as características biológicas em essência; as variedades são aprisionadas em novas categorias fechadas, as "raças". Da mesma forma, após ter decomposto a existência em classes de idades, e tentado definir cada uma delas, assiste-se cada vez mais a um fechamento da infância em um mundo separado, que acabará por ser percebido como uma "raça à parte". A criança-vida torna-se essência da vida. (ibidem, p.9)

MITIFICAÇÃO DA INFÂNCIA FELIZ

A partir de meados do século XVIII, a personagem criança entra maciçamente na literatura. Chombart de Lauwe examina em vários romances e na filmografia francesa a reconstrução de um sistema de representações que idealiza a criança como a essência da autenticidade, cristalizando-a em uma redoma de virtudes contrapostas aos valores que regem os comuns mortais. A criança é colocada como representante divina, e a noção de infância passa a ser elaborada com base em uma mitificação redentora do homem.

A autora assim descreve as características da criança idealizada nas obras e filmes, de fins do século XIX e do século XX:

> apresenta características psicológicas que denotam, antes de mais nada, uma autenticidade e uma verdade totais. Livre, pura e inocente, sem laços nem limites, está totalmente presente no tempo, na natureza. Ela se comunica diretamente com os seres e as coisas, compreendendo-os a partir do seu interior. Sincera, exigente e absoluta em relação à verdade ... Diferente do adulto, permanece secreta ... Por vezes se mostra ausente, indiferente ou afastada da realidade, por vezes é receptiva e sensível, estes dois traços coexistindo em algumas personagens. (1991, p.30)

O mito da criança redentora está bem simbolizado nestes fragmentos poéticos de Fernando Pessoa, na voz de seu heterônimo Alberto Caeiro:

> A mim a criança ensinou-me tudo.
> Ensinou-me a olhar para as coisas.
> Aponta-me para todas as coisas que há nas flores.
> Mostra-me como as pedras são engraçadas
> ...
> Ela dorme dentro da minha alma
> e às vezes acorda de noite
> e brinca com os meus sonhos.
> ...
> A Criança Nova que habita onde vivo
> dá-me uma mão a mim
> e a outra a tudo que existe ... (1980, p.170)

Não obstante essa simbolização mitificada da criança divina – a que aponta os caminhos, poderosa, que tudo vê e vive um período de esfuziante felicidade –, os livros de memórias, contos e poemas a respeito da infância pintam um retrato nada feliz desse período da vida, marcado por muita *Angústia* (Machado de Assis, 1962), por solidão, no caso da menina Joana, de *Perto do coração selvagem* (Clarice Lispector, 1980), humilhação, como no poema "Das saudades que eu não tenho..." (Ruth Rocha, apud Abramovich, 1982, p.18), para pinçar apenas alguns diletos escritores, nas nossas reminiscências literárias.

E então, por que se mitifica a infância? Por que os adultos (obviamente foram os adultos que inventaram o mito da infância feliz) precisam se alimentar do mito?

A resposta dada pelo psicólogo Cesarotto é direta e encontra-se registrada no prefácio da obra *Mito da infância feliz* de Abramovich (1982):

> porque necessitam situar em algum lugar de seu passado um momento em que a vida tenha sido satisfatória e alegre. Se tivessem que se ater somente ao próprio presente, quiçá o cinzento de seus próprios cotidianos fosse exageradamente insatisfatório. Por outro lado, uma vaga consciência de estarem triturando seus filhos pode ter um certo peso nessa mitificação. Se a infância é um período feliz, então não precisam sentir tanta culpa. Apesar deles as crianças vão bem, logo não é necessário pensar. Já há tantas coisas com que se preocupar: a vida difícil, a situação do trabalho sem graça, o grilo com o chefe, o casamento chato, os desejos abafados, etc.

Na mesma linha argumentativa, Chombart de Lauwe (1991) pondera que através da mitificação existe uma reivindicação fundamental para si, uma forma de escapar ao tempo e à opressão dos papéis impostos pela sociedade, como também uma recusa do mundo tal como é vivido pelo adulto, em função de estruturas sociais, de instituições, de normas, sem nenhuma ponte em comum com o mundo desejado e projetado na infância.

Entretanto, a mesma autora também adverte para os efeitos perversos e imobilizadores da ação adulta contaminada pelo mito da infância. Textualmente, diz:

> O mito incita aquele que sonha a uma regressão ou a uma fuga no imaginário. Ele constata, narra a seu modo, não está voltado para a ação, para a transformação do mundo ... não deixa de ser perigoso para a própria criança ... Ela poderia tender a se encerrar em um mundo separado, a lhe retirar a vontade de se transformar em adulto. É sempre incômodo para uma pessoa pertencer a uma categoria social cristalizada por um mito, ver sua própria realidade deformada pela imagem de uma personagem simbólica. (ibidem, p.454)

Ou seja, a mitificação da infância pode lançar o adulto à nostalgia do passado e bloquear a espontaneidade da criança, mas a autora reconhece que o mito tem a vantagem de impelir o homem para resgatar o paraíso perdido, "revelando o conflito entre valores essenciais e uma sociedade que entrava sua expressão" (ibidem, p.455). Esse mérito, talvez, do mito da infância fora antecipado tempos atrás por Tocqueville, quando este filósofo chamou a atenção para o sentido particular do período da infância:

> um tempo com um ritmo particular que se distingue daquele do mundo adulto no sentido em que traduz um certo estado de vulnerabilidade ... aquilo que tanto faz falta às sociedades contemporâneas: um tempo que respeita o sonho, a indecisão, o arbítrio próprio da ficção. (apud Mongin, 1994, p.7)

O AMOR ÀS CRIANÇAS NA SOCIEDADE ATUAL

Conforme a linha histórica traçada com base na pesquisa documental de Ariès (1981), vimos que a infância nasceu como anseio de uma efusão amorosa geral privatizada no seio da família, que se exprimiu com vigor há dois séculos. As pessoas passaram a se casar, em nossa cultura, por amor, cuja prova é exclusivamente de *foro íntimo*. Por isso, como faz notar Calligaris (1996), em sua crônica "O amor desafia o espírito objetivo", qualquer escolha de cônjuge baseada em outro critério, que não o amor, é – no nosso modo moderno de ver – estigmatizada como hipócrita e interesseira.

Assim como acontece nas relações entre parceiros adultos, na sociedade contemporânea também cuidamos de nossas crianças porque as amamos. Qualquer outra razão, mais simbólica (assegurar a descendência, por exemplo) ou mais realista (criar braços para trabalhar na roça) é suspeita. Pois tais razões, ironiza Calligaris, "testemunham uma servidão a princípios externos que ofendem nossa sede de autonomia" (ibidem, p.54).

Calligaris enfatiza que a noção de amor na família e particularmente em relação às crianças está indissociavelmente ligada ao triunfo do individualismo na modernidade. Nesse sentido, questiona se amar na sociedade contemporânea não é mesmo um verbo intransitivo, se o amor não é do tipo em que não há outro amado e sim o próprio sujeito, qualificando esse amor como narcisista e que decreta o fim da infância: "Amamos as crianças como imagens de nossa própria felicidade. Acabamos assim as querendo tão parecidas conosco, em sua felicidade forçada, que as privamos de infância, transformando-as em caricaturas de nossos devaneios" (ibidem, p.55).

Exatamente por tudo isso, conforme o autor, vivemos uma crise de autoridade dos pais, que não conseguem se impor perante os filhos, confusos diante da idéia de ter que amá-las, em uma intensidade e jeito tais nunca antes vistos na história da humanidade. Nesse sentido, ressalta o psicanalista que

> Qualquer obstáculo real ou imaginário oposto a este ideal de felicidade (por exemplo, uma mínima intervenção educativa) acabará impondo aos pais uma culpa de algoz arrependido. (p.56)

Em outra de suas crônicas, "Essas crianças que amamos demais", publicada na mesma obra (1996), o psicanalista volta a interrogar sobre as características desse amor dedicado às crianças, novamente ressaltando que a felicidade que insistimos ver nelas é o nosso anseio projetado de que se pareçam (com suas saias curtas e pouca roupa) personagens de um cartão-postal anunciando um pacote de férias, vôlei na praia e promessas eróticas. O mandato do amor parental do tipo narcisista é: seja realista, peça o impossível, o que não conseguimos para nós.

Enfatizando, mais uma vez, que a imagem que projetamos nas crianças são caricaturas de nossos devaneios adultos, adverte-nos o psicanalista que não seria de estranhar que as crianças de repente possam se tornar tão assassinas e cruéis quanto nós,

> pois os adultos, para serem felizes, devem manter da infância justamente a isenção daqueles estorvos que nos fazem tão pouco amáveis aos nossos próprios olhos: o peso do dever e da dívida com as gerações anteriores, a hesitação do juízo moral, o rigor da lei. Em suma, queremos que sejam anões em férias sem lei. E podem acabar sendo. (ibidem, p.217).

Uma questão instigante, derivada dessas colocações a respeito do amor dedicado às crianças, diz respeito ao porquê de existir tantas crianças morrendo de fome, mendigando, se prostituindo etc. Seriam essas crianças depositárias de outro tipo de amor, próprio das sociedades tradicionais, não narcisista? Calligaris responde à questão, afirmando que isso ocorre não por falta de narcisismo parental, mas por excesso. Em suas próprias palavras:

> a criança que, por razões reais, não puder corresponder aos nossos devaneios, não é mais nada. Seu corpo, se desenvestido narcisicamente, se oferece ao sexo; sua morte não nos afeta, pois, de qualquer forma, ela não poderia mesmo, realmente, ser o espelho miniaturizado de nossa felicidade. (p.218)

Então, não estranhemos a nossa insensibilidade, falta de indignação e de ações concretas que possam minorar o sofrimento das crianças e jovens brasileiros que vivem em situação de risco social, expostos a toda sorte de violência nas ruas, em suas próprias casas ou nas instituições onde eventualmente são internos. O amor do tipo narcisista é excludente: que me importam essas crianças sem chance de corresponderem ao meu anseio de gratificação?

Coerente com o tipo de amor narcísico, importa só a minha criança, as outras poderão, sem culpa, serem atiradas como objetos descartáveis nos inúmeros aterros de lixo social.[1]

Concluindo, e na tentativa de achar saídas para as contradições colocadas nas relações adultos-crianças, o autor, um pouco sarcasticamente, postula em sua crônica "O amor desafia o espírito objetivo" dois caminhos para o reinado do amor narcísico:

> O primeiro pode inspirar um certo apocaliptismo (com despachos para evocar antigos valores perdidos). Nele, depois de terem inventado a infância como época feliz e distinta da vida adulta, e depois de terem transformado as crianças em caricaturas da felicidade adulta para melhor se espelhar nelas, os sujeitos da cultura ocidental conseguiriam inventar um narcisismo mais direto, não mediado pelos seus rebentos ... A realidade virtual poderia permitir, por exemplo, que cada um se junte com a imagem projetada de sua própria perfeição. No segundo caminho, nossa cultura inventaria novas formas de amar crianças e parceiros ... convívios amorosos, se não mais felizes, ao menos mais leves: uma espécie de savoir-faire com o narcisismo. (Calligaris, 1996, p.56)

Voltaremos a tecer maiores considerações a respeito do amor de índole narcísica, no decorrer da pesquisa, ao analisarmos a violência do amor parental excludente, forjado na cultura do narcisismo, individualista e de consumo, características da contemporaneidade.

---

1 A propósito do amor dedicado apenas à criança que serve aos imperativos de satisfação narcisista, Calligaris (1999) faz uma aguda crítica ao filme *A vida é bela*, dirigido por Roberto Begnini (ganhador do Oscar de melhor filme estrangeiro), no mesmo ano, em um ensaio sarcasticamente nomeado pela frase "A vida não é tão bela assim". Criticando o argumento do filme, acima referido, o psicanalista analisa o personagem infantil como estando confinado em um conto de fadas, sem entendimento do mundo. É impedido de odiar os que exterminam sua família e condenado a amar só o pai, grande artífice da mentira feliz que seria a vida. O filme, aliás, na interpretação do psicanalista ganharia interesse ao ser considerado (contra suas intenções) como uma amarga reflexão sobre a violência de um pretenso amor parental que transforma o filho em instrumento do narcisismo do pai. Nele se contempla e, à custa do filho, compra para si uma chance de ir para a morte como se fosse de brincadeira.

ASSISTÊNCIA À INFÂNCIA BRASILEIRA

Nosso objetivo aqui é primeiramente fazer um breve recorte a respeito do trajeto histórico da infância, evidenciando a imagem de criança brasileira *menorizada* que fora se construindo ao longo dos tempos, alicerçando-nos em textos científicos e literários; em seguida, discorrer sobre as lutas travadas em prol da infância em nosso país, que culminaram com a promulgação do Estatuto da Criança e do Adolescente (ECA), em 1990; e, finalmente, deslindar a política de atendimento à criança e ao adolescente na cidade de Marília, particularizando mais especificamente a análise do projeto Casa do Pequeno Cidadão, iniciado em 1997. Para tanto, vai-se recorrer ao básico mas denso livreto de Passeti (1987), que discorre sobre a noção de *menor* na sociedade brasileira; também rastrearemos as contribuições de diversos historiadores, sociólogos, psicólogos e literatos compiladas por Freitas (1997), ao lado de histórico mais recente traçado por Graciani (1997).

No Brasil Colônia, o trabalho com os infantes *desvalidos* (órfãos, abandonados) coube à Igreja, com sua proposta de catequizá-los, primeiramente pela Companhia de Jesus, ensinando-os a ler e escrever nas chamadas Casas dos Muchachos. As Santas Casas de Misericórdia formaram a rede de assistência à infância que perdurou durante os quatro primeiros séculos de nossa história.

Foram as Santas Casas de Misericórdia responsáveis pela instituição das "Rodas dos expostos" – equipamento cilíndrico rotatório de madeira, originário dos conventos da Europa medieval, feito para que se depositassem, anonimamente, as crianças abandonadas. Esse equipamento foi introduzido no Brasil Colônia, mas sobreviveu por longos períodos da nossa história, como faz lembrar Marcílio:

> A Roda dos expostos perpassou e multiplicou-se no período imperial, conseguiu manter-se durante a República e foi extinta definitivamente na recente década de 1950! Sendo o Brasil o último país a abolir a chaga da escravidão, foi ele igualmente o último a acabar com o triste sistema da roda dos enjeitados. (1997, p.51)

O atendimento através das "rodas" servia para se evitar o "mal maior" do aborto e do infanticídio, segundo adverte a autora citada, como também para controlar o tamanho das famílias, já que na época não existiam métodos eficazes de controle da natalidade (ibidem, p.72).

Com o século XIX chega a influência da filosofia das Luzes, anunciando as novas formas de se exercer a filantropia de cunho liberal e utilitário, pautada em métodos da medicina higienista, diminuindo consideravelmente as formas de assistência solidária e caritativa aos pobres e desvalidos.

Assim sendo, à época do Brasil República, de enjeitada a criança passa a ser vista como problema social e, nesse sentido, "caso de polícia" – palavras textuais de um presidente do período da República Velha (apud Graciani, 1997, p.257). A partir dos anos 1860, surgiram inúmeras instituições de abrigo e educação para *menores* desvalidos, de caráter público ou particular. Asilos e orfanatos são criados por toda parte, e a filantropia vai surgindo como modelo assistencial substitutivo à caridade, fundamentada na ciência e dirigida a duas modalidades básicas: ensinamento moral e preparação para o trabalho.

Conforme também ressalta a autora,

> O Código Penal de 1881 já trazia regras de inimputabilidade penal de acordo com várias faixas etárias, demonstrando uma certa preocupação com as crianças, principalmente as desamparadas e/ou delinqüentes, por parte da sociedade. Por dó ou medo, tentavam protegê-las, controlando socialmente a situação, por meio de inúmeras instituições de assistência social ... forçando os governos a definirem medidas de proteção à infância abandonada ... Nesse sentido, percebe-se a mobilização dos sindicatos em torno de reivindicações vinculadas à infância e ao trabalho da mulher, em 1907, exigindo a regulamentação e denunciando a exploração da mão de obra infantil. (Graciani, 1998, p.257-8)

Cumpre salientar que é na virada para o século XX que se afirma a figura do *menor*, contraposta à imagem de criança ou de adolescente. Como ressalta Passeti (1987, p.42 ss.) o termo *menor* aparece com uma conotação pejorativa, sinônimo de bandido, delinqüente.

Criam-se leis e ações de cunho médico-jurídicas para medicalizar o *menor doente* e *marginal*, consubstanciadas no Código de Menores, em vigor a partir de 1927.

É ainda importante destacar, como o faz Passeti (ibidem), que todo um aparato pseudocientífico armado em torno da noção de normalidade/doença e abordagens teóricas sobre a questão da marginalidade social conferiam, àquela época, sustentação às ações repressoras do Estado, que visava recuperar o *menor* e devolvê-lo à sociedade como um cidadão de bem, respeitador da moral e dos bons costumes.

Torna-se também relevante assinalar que a imagem de criança *menorizada* já se fazia sentir desde os primórdios do descobrimento do Brasil, como bem assinala Marisa Lajolo (1997), ao comentar um trecho da *Carta de Caminha*. Nesta, a criança é descrita com o mesmo estranhamento preconceituoso de tudo o que fora visto pelos colonizadores portugueses no solo brasileiro.

Pero Vaz de Caminha faz uma descrição claramente importunada com o corpo nu da índia que carregava, em seu peito, a criança envolta em panos. Diz um trecho da memorável carta, em linguagem cifrada da época: *"Também andava hy outra mulher moça com huu menjno ou menjna no colo atado com pano nõ sey de que aos peitos que lhe nõ parecia se nõ as perninhas. Mas as pernas da may e no al nõ trazia nhuu pano"* (apud Lajolo, 1997, p.230).

Imagens naturalizadas, selvagens, inferiorizadas da criança brasileira estão presentes em vários romances e contos comentados pela autora. Como exemplo, pode-se destacar um trecho de *Iracema*, escrito por José de Alencar, em 1865, em que aparece a figura de um jovem ariano (cara pálida, na visão do índio colonizado) contrastando com a de uma criança índia (imagem do bom selvagem): "Um jovem guerreiro cuja tez branca não cora o sangue americano; uma criança e um rafeiro que viram a luz no berço das florestas, e brincam irmãos, filhos ambos da mesma terra selvagem" (apud Lajolo, 1997, p.231).

Outro exemplo célebre de discriminação e inferiorização da criança, realçado por Lajolo, é visível no conto "Negrinha" (a personagem é cruelmente descrita por suas carências, pelo que não tem), texto que fora escrito por Monteiro Lobato, em 1920:

Assim cresceu Negrinha – magra, atrofiada, com os olhos eterna-
mente assustados. Órfã aos quatro anos, por ali ficou feito gato sem
dono, levada aos pontapés. Não compreendia a idéia dos grandes.
Batiam-lhe sempre, por ação ou omissão. A mesma coisa, o mesmo
ato, a mesma palavra provocava ora risadas, ora castigos. Aprendeu
a andar, mas quase não andava, com pretexto de que às soltas reina-
ria no quintal, estragando as plantas. (apud Lajolo, 1997, p.236)

Essa brutal discriminação entre duas categorias de infância –
uma minoritária, composta de crianças bem situadas socioeconomicamente, com suas necessidades básicas amplamente satisfeitas, e
outra, majoritária, na qual se incluem crianças de origem indígena,
negras, mestiças e brancas pobres (todas estigmatizadas como *menores*) excluídas do rol de direitos humanos básicos – só veio a ser
corrigida, parcialmente, muito mais tarde na história da infância
em nosso país, quando o Código de Menores, de 1927, foi substituído pelo Estatuto da Criança e do Adolescente, em 1990.

Conforme ressalta Passeti (1987, p.42 ss.), crianças/adoles-
centes e menores foram formas pelas quais, no imaginário brasileiro, se diferenciava o segmento infanto-juvenil de nossa sociedade,
segundo a classe social. O jovem incendiário ou revoltado, em de-
terminadas circunstâncias, se transforma em trombadinha, delinqüente ou menor infrator, qualificativos para os de origem social
enraizada na classe trabalhadora.

Como bem alerta Passeti (ibidem, p.34), "após o golpe de 1964,
o problema do menor passou a ser considerado um dos problemas
de segurança nacional" e foi esta a filosofia que norteou o Plano
Nacional do Bem-Estar do Menor (PNBEM), bem como as funda-
ções então criadas para proteger e assistir ao *menor*, em nível federal e no âmbito dos estados, chamadas respectivamente de Fundação
Nacional do Bem-Estar do Menor (Funabem) e Fundação Estadual do Bem-Estar do Menor (Febem). É óbvio que, tratada como
questão de segurança nacional, a dita proteção assumiu um caráter
muito mais policialesco e punitivo do que assistencial, ao ponto de
algumas unidades da Febem de São Paulo terem ficado célebres,
não só no Brasil mas também no exterior, pela truculência no tratamento dispensado aos adolescentes internos, transformando-se

em verdadeiras casas de horror, fábricas de fazer adolescente virar criminoso de alta periculosidade.

É possível discernir algumas fases distintas na implantação do PNBEM, conforme observa Teixeira (1999, p.68 ss.). A primeira fase, de 1965 a 1970, foi marcada pela organização da estrutura institucional, feita sobre os escombros do Serviço de Assistência ao Menor (SAM), um serviço repressivo, já existente, que perdurou durante a vigência do Código de Menores. A segunda fase, de 1971 a 1979, pode ser considerada a fase áurea de hegemonização da ditadura no país; basta lembrar a propaganda ideológica do governo Médici, com seu slogan "Brasil, ame-o ou deixe-o" e do projeto Plimec (Plano Integração Menor/Comunidade), do governo Geisel. Já os anos 80 e 90 corresponderiam, no entender do autor citado, a uma fase de desorganização e de lampejos de rompimento com a herança do SAM, entretanto acenando com um franco clientelismo político, mediante a descentralização progressiva das políticas públicas de assistência até os municípios.

Cumpre lembrar que nos anos da ditadura no Brasil muitas organizações civis, algumas aliadas à Igreja, como a Pastoral do Menor, tiveram papel fundamental na mudança do enfoque repressor-corretivo, centrado no *menor como ameaça à segurança nacional*, para outro olhar e práticas mais preventivas de atuação junto às crianças e adolescentes que se encontravam em conflito com a lei ou sobreviviam nas ruas.

Nas décadas de 1970 e 1980 registra-se o aparecimento de inúmeras Organizações não-governamentais (ONGs), que empreenderam ações radicalmente diferentes de atendimento a tais crianças menorizadas, com forte apoio no legado da *Pedagogia do oprimido* e nos demais escritos de Paulo Freire, nos anos 60.

Os estudos que apontam as conquistas nesta área sublinham que se deve levar em conta, também, os resultados da Convenção Internacional dos Direitos da Criança, realizada em 1989, bem como o processo de luta pela democratização de nosso país, no decorrer da década de 1980 e, em particular, a atuação do Movimento Nacional dos Meninos e Meninas de Rua (MNMMR), criado em 1985. Todas essas conquistas são fatores que muito contribuíram para a mudança na percepção e nas formas de atuação junto ao segmento infanto-juvenil da população brasileira.

Nos anos 80 e 90, a criança *menorizada* passa a ser vista como sujeito de sua história, atendida com base em uma *Pedagogia de rua*[2] interessada em saber o que essa criança sabe, o que ela traz e do que ela é capaz, diferente de uma conduta marcada pelo assistencialismo, a qual, como bem observou Costa, "dirigia-se à criança perguntando pelo que ela não é, pelo que não sabe, pelo que não tem, pelo que não é capaz" (apud Frontana, 1999, p.191). Daí que, comparada à de classe média, era vista como "criança carente".

Com a promulgação do ECA, em 13 de julho de 1990, observa-se grande mobilização de ONGs e de setores da sociedade civil para que efetivamente se instalem os Conselhos Tutelares e os Conselhos Municipais de Direitos, visando à formulação de políticas de assistência social especialmente destinadas à melhoria da qualidade de vida de crianças e adolescentes, antes considerados *menores*, agora denominados meninos e meninas que se encontram em situação de vulnerabilidade à violência ou risco pessoal e social, isto é, "expostas a fatores que ameacem efetivamente sua integridade física, psicológica ou moral, causados por qualquer agente social (família, instituição, Estado)" (Graciani, 1997, p.272).

Entretanto, há de se concordar com a conclusão da autora, que afirma:

> No Brasil ainda não existe uma cultura política democrática que formule e sustente valores e ações que consolidem a cidadania de todos. Todas as iniciativas profundamente válidas dos movimentos, fóruns, etc., ainda não conseguiram alterar o quadro das desigualdades sociais brasileiras em geral e muito menos as referentes às crianças e adolescentes. Elas ainda são altamente castigadas pela pobreza extrema, pela exclusão em vários níveis, bem como pelas ações de atendimento, que ainda se caracterizam por serem discriminatórias e compensatórias na maioria das instituições governamentais e não governamentais, ou por falta de vontade política ou por frentes de resistência em relação ao novo reordenamento político-institucional. (ibidem, p.274)

Sem dúvida, no imaginário da sociedade brasileira ainda sobrevive a imagem de criança *menorizada*, aliada à idéia de que *direitos para o menor são direitos para bandido*, a ações de apoio

---

2 Título de uma obra de referência nesta área, de Maria Stela Graciani (1997).

ao extermínio de garotos (como vimos acontecer na Candelária, no Rio de Janeiro) ou operações de *limpeza da cidade*, que enviam meninos para outros centros urbanos (como ocorreu na chamada *Operação Camanducaia*, em São Paulo, muito bem documentada por Frontana, 1999), aos castigos violentos e às humilhações infringidas aos adolescentes da Febem-SP, noticiadas pela imprensa, ao projeto de lei que reduz a idade penal de 18 para 16 anos etc. A esse propósito, vale lembrar algumas colocações de Passeti (1987), resumidas a seguir.

O Código Penal Brasileiro, em seu artigo 33, considera menor de 18 anos inimputável. No entender do autor, a exclusão da responsabilidade do adolescente deve-se à influência da Revolução Francesa – novo humanismo que definiu a aplicabilidade de isenções às infrações cometidas por menores de 18 anos. A inimputabilidade para os menores de 14 anos, em nosso país, vigorava desde 1830 e, a partir de 1940, com o Decreto-lei n. 2.848, de 7.12.1940, a idade de 18 anos foi fixada como marco da responsabilidade penal.

No entanto, conforme registra Passeti (1987), na Europa, a partir da década de 1950, procurou-se reduzir a inimputabilidade para 14 anos (Alemanha) ou 16 anos, com a justificativa de que com isso se aumentaria a responsabilidade social do jovem, pois o medo da punição prevista em lei faria com que o adolescente aumentasse sua consciência social. O autor adverte que no Brasil, durante o período repressivo, alguns juristas, apoiados na idéia levantada pelo então ministro da Justiça, Armando Falcão, insistiram nessa tese.

Passeti aborda a questão da redução da idade penal (que, agora, na virada do milênio, vemos voltar à baila novamente), fazendo um importante questionamento:

> Reduzir a idade penal para 16 anos significaria reconhecer que esta mão de obra está qualificada a receber salário integral, que há mercado de trabalho, que a escola o instrumentalizou para tal e que tudo isso, harmoniosamente, contribui para sua vida de cidadão. No entanto, se não há um mercado de trabalho que absorve a mão de obra adulta, a redução penal não estaria funcionando como uma extensão dos mecanismos punitivos, ao invés de ser um acesso à consciência social? (ibidem, p.27-8)

O autor conclui suas reflexões alertando que, "curiosamente, não é a delinqüência que aparece como forma de vida a ser combatida, mas a infração, pois esta é vista como princípio de tudo" (p.28).

Diante do exposto, percebe-se que há muito o que fazer e questionar para que a sociedade brasileira rume na direção de garantir efetivamente os direitos humanos fundamentais a todos. A proposta de redução da idade penal encontra amparo, coincidentemente, em recente decreto-lei que eleva a idade, de 14 para 16 anos, para se ingressar no mercado de trabalho, o que significa que nossos adolescentes poderão ficar mais dois anos sendo explorados por empresas, "Legiões Mirins" (ou outras instituições congêneres) que utilizam mão-de-obra infantil, mediante justificativa de que se trata de bolsas-aprendizagem consignadas àqueles de idade entre 12 e 16 anos, em conformidade com o ECA e a nova lei.

Enfim, há inúmeras dificuldades sobre as quais precisamos refletir melhor para encaminhar soluções, se quisermos que os direitos das crianças e adolescentes sejam efetivamente garantidos na prática. Contamos hoje, sem dúvida, com conquistas inegáveis nessa área. Temos o ECA, um estatuto considerado avançado e exemplar para países de primeiro mundo, embora também passível de críticas, como observou certa vez Passeti,[3] ao chamar a atenção para a linguagem carcerária do estatuto, denotada em expressões do tipo: semiliberdade, liberdade assistida etc. Temos uma infinidade de organizações não governamentais e políticas públicas municipalizadas, com uma soma vultosa de recursos alocados em programas de atendimento à infância-adolescência.

Entretanto, como faz notar Gregori, "essa área de atendimento [infância-adolescência] é uma imensa arena de disputas de diversas naturezas, impedindo ações que venham a resultar em soluções mais efetivas e a longo prazo" (2000, p.16). Ou seja, cada prática, ação ou programa de atendimento se destina a atender uma demanda imediata: alimentar, abrigar, reaproximar os meninos de suas famílias, sem uma integração entre os procedimentos adotados. Dito de outra forma: cada um *atira pra um lado*, e os meninos

---

3 Palestra "Abolicionismo penal", proferida pelo autor em 12.11.1999, na UNESP-Marília.

continuam sem vivências integradoras que lhes possibilitem efetivamente vislumbrar um futuro que dê novo rumo às suas vidas.

Dez anos se passaram de existência do ECA, e ainda os meninos são *cidadãos de papel*, como alude o título do livro-denúncia de Dimenstein (1997). É notável a falta de integração entre as várias esferas e órgãos responsáveis para concretizar o que diz o texto do estatuto. As ações do Judiciário, das secretarias estadual e municipal correm sempre na paralela, e perdem de vista o alvo que lhes é comum, ou seja, a promoção e a defesa dos direitos das crianças e dos adolescentes. Como salienta Gregori (2000, p.163-4), hoje há possibilidades efetivas, ancoradas na Constituição, de a sociedade civil opinar, propor e participar dos canais de decisão sobre as políticas a serem adotadas nas áreas de saúde, educação e assistência social. Houve também uma ampla reorganização do aparato judicial: houve mudanças substantivas nas atribuições do Poder Judiciário no âmbito da Justiça da infância; houve consolidação das funções do Ministério Público na área civil, como coadjuvante do Poder Judiciário e fiscalizador do poder público. Mas é o caso de perguntar: esse papel fiscalizador realmente é exercido?

Esta e outras questões voltarão a ser consideradas, pois serão objeto de análise mais pormenorizada no capítulo que trata da política de assistência e dos programas de atendimento direcionados à infância em situação de risco, na cidade de Marília-SP.

Em suma, a trajetória da infância brevemente traçada, bem como a análise do estatuto da infância em diferentes períodos históricos, desde a Antiguidade até nossos dias, nos permite perceber que a infância é uma história de violências institucionais, quer na perspectiva da assistência estatal ou privada dispensada a esse período da vida humana ao longo dos tempos, quer na perspectiva das relações familiares, caracterizadas pelo infanticídio aberto, disfarçado, tolerado ou por um amor parental moderno, do tipo narcisista, que também pode ser visto como um amor que violenta, porque pode excluir aqueles que não satisfizerem o apelo de gratificação narcisista da família.

3 VIOLÊNCIAS E MENINOS DE/NA RUA

> Sei que meus pais me perdoaram eu
> ter nascido em vão e tê-los traído na
> esperança. Mas eu, eu não me perdôo.
>
> (Clarice Lispector)

No aporte histórico feito no capítulo anterior, analisou-se a mitificação da infância, ou seja, o fato de ser vista como um período feliz, por excelência, reino da brincadeira livre de preocupações ou responsabilidades. Porém, como foi advertido, esse *mito da infância feliz* vale para crianças de classe média, pois as provenientes das camadas da população socialmente desfavorecidas são vítimas da Infância Negada, precocemente usadas como mão-de-obra explorada e percebidas como oriundas de uma categoria infantil à parte: *menores carentes* e pobres *também de espírito*, que têm *raça ruim* e são potencialmente perigosos ou agressivos. Ao longo deste capítulo, pretende-se aprofundar a análise de sistemas de violência, aqui pressupostos como esferas de interferência múltipla e interativa na determinação do viver nas ruas de crianças e adolescentes, que às vezes fazem da rua sua moradia, outras vezes alternam a vida da rua com a freqüência a projetos assistenciais.

A título de ampliar a reflexão feita sobre o mito da infância feliz, parece importante destacar outro, também transversalizado no imaginário social, que é o *mito da não-violência* da sociedade brasileira, o qual opera pelo mecanismo de banalizar a violência das desigualdades econômicas e culturais, da exclusão social, escolar, e culpar as próprias vítimas; ou seja, diz-se que a violência é praticada por pobres vagabundos, negros sem caráter etc. Dentro dessa mitificação da não-violência, as crianças e adolescentes em situação de rua acabam sendo culpabilizados por todas as atitudes ditas anormais e por atos de rebeldia que porventura possam praticar ou sofrer.

Nas considerações que serão feitas a seguir, dar-se-á ênfase a diferentes manifestações de violência, por alguns chamada *invisível*, porque não há o sujeito visível que a pratica, conforme observa Amoretti (1992, p.42). Ou seja, será objeto de análises e reflexões (amparadas em dados de entrevistas, depoimentos, vivências grupais e fotografias tiradas pelos próprios meninos em situação de rua que participaram da pesquisa) a violência das profundas desigualdades sociais presentes na sociedade contemporânea, pautada no consumo e no exibicionismo; a violência das regras da globalização que regulam não só as relações econômicas, mas também as afetivas, com o axioma de *levar vantagem em tudo*; a violência da injunção nas relações familiares atuais do tipo de amor narcisista e os conflitos gerados pelo fato de o modelo adulto de identificação mais provável para os meninos que vivem na rua ser o contraventor bem-sucedido economicamente e não seu pai ou mãe desempregados, embora honestos; a violência de uma escola excludente, forjada no preconceito étnico e de classe social, que não edifica o professor como pessoa de saber, merecedora de respeito e salário digno.

Em suma, vivemos um processo de deterioração das condições de vida e de relacionamento entre as pessoas. Diversas manifestações de violência invadiram todas as áreas das relações humanas; violência aqui entendida conforme Costa se refere em seu livro *Violência e psicanálise*: "situações em que o indivíduo foi submetido a uma coerção e a um desprazer absolutamente desnecessários ao crescimento, desenvolvimento e manutenção de seu bem-estar, enquanto ser psíquico" (1984, p.96).

Vale dizer que a maioria das reflexões aqui feitas está ancorada, de maneira privilegiada, em ensaios teóricos de psicanalistas diversos, apesar da recorrência abundante a pesquisas realizadas em outras áreas, bem como a contribuições de diferentes estudiosos – economistas, antropólogos, assistentes sociais, sociólogos, psicólogos, educadores etc. – consideradas significativas ao necessário redimensionamento e à melhor compreensão da problemática em foco.

VIOLÊNCIA E FAMÍLIA

A relação entre violência e família será abordada mediante análise de algumas dinâmicas psicológicas familiares, enfocando principalmente a relação mãe-filho, uma vez que encontramos na pesquisa realizada filhos de muita mãe e pouco pai. O eixo da análise incidirá na crítica ao tipo de amor narcisista que permeia as relações afetivas contemporâneas, conforme se discorreu no capítulo anterior; um tipo de amor parental ambíguo, forte e ao mesmo tempo excludente, gerador de muita insegurança e culpa, sobretudo nas crianças de famílias pobres, abandonadas à própria sorte ou exploradas no trabalho, não raro, pelos próprios pais. Os estudos realizados por Freud e ensaios de psicanalistas contemporâneos sobre o narcisismo serão tomados como base de análise da violência do preconceito existente contra os meninos que vivem na rua, no intuito de melhor compreender sua condição de vida à margem da sociedade e sentida como ameaça aos filhos *de família* da classe média.

Sabe-se que a criança, dada sua extrema dependência para sobreviver, necessita de cuidados sem os quais a espécie não se manteria; entretanto, a intensidade do amor e a atenção dedicada às crianças hoje não têm parâmetros na história. Longe dessa efusão amorosa atual entre pais e filhos, os documentos clássicos, como se assinalou no capítulo anterior, são fartos em registros de parricídios e infanticídios expostos, inclusive nos documentos religiosos (como o personagem Herodes, de cuja crueldade teria escapado o menino Jesus); na mitologia grega, também os exemplos abundam: Medéia, Júpiter, Édipo etc. O infanticídio atravessou a Antigüidade e a Idade Média, sendo tolerado de maneira disfarçada até o porvir dos tempos modernos; a noção e o sentimento de infância, com o conseqüente lugar do infante, protegido no seio da família, são uma invenção de apenas dois séculos atrás.

A partir dos fins do século XVIII coube à criança o destino de buscar a felicidade plena e impossível de ser conquistada pelo adulto. A esse imperativo está vinculado o *mito da infância feliz*, como também fora explanado no capítulo anterior, significando que o período da infância passa a ser visto como a representação de tudo aquilo de bom que o adulto gostaria que fosse sua vida. Freud tinha alertado sobre esse *lugar de majestade* – palavras textuais do psicanalista – em que passamos a colocar as crianças, observando que as reverenciamos porque se espera delas que nos ofereçam a imagem de plenitude e de uma felicidade que não é e nunca foi a nossa, mas graças à qual podemos amar a nós mesmos. A criança passa a simbolizar para os pais a promessa do gozo impossível, o retorno ao paraíso perdido que fora imaginariamente desfrutado na infância.

Cabe notar, ainda que mais uma vez, o significado etimológico da palavra infante: o vocábulo *fante* quer dizer fala, que precedido da partícula negativa *in* significa aquele que não tem o poder da fala. Psicanaliticamente, equivale dizer que nos primórdios da vida o desejo do infante é falado pelo outro, no caso a mãe ou a pessoa substituta que desempenha a função materna. Ou seja, o infante necessita de alguém que fale com e por ele, na tentativa de torná-lo partícipe desse mundo, à medida que esse *novo novelho* – lembrança de um poema guardado na memória[1] – vai se desenrolando e aprendendo a desejar por conta própria.

No entender psicanalítico, isso que acontece na relação da mãe com o infante é uma forma de violência exercida sobre ele, entretanto tomada como necessária ao seu desenvolvimento psicológico, dentro da concepção moderna que inaugura o sentimento da infância e as relações amorosas na família. Um exemplo dado pela psicanalista Piera Aulagnier (1987), exposto resumidamente a seguir, permite compreender melhor o sentido dessa violência simbólica. Suponhamos uma situação em que o pequeno rebento comece a chorar. A mãe, pacientemente, se aproxima dele e diz: "Você está com fome? Já está na hora, não é?"; e, entre um gracejo e outro, vai-lhe preparando uma mamadeira. O que a mãe diz, sublinha Aulagnier, é uma violência – a da interpretação da ne-

---

1   Literalmente o poema é: "Novo no velho / o filho em folhos/ na jaula dos joelhos" Gomes (1981).

cessidade (ou desejo) do bebê –, todavia uma violência estruturante de suas relações humanas.

Ainda considerando a violência simbólica, torna-se importante salientar aquela que é inaugural, ou seja, a que ocorre por ocasião do nascer: momento de corte da vida dependente do útero materno – o traumatismo do nascimento – que inaugura o trilhar humano no mundo, uma ruptura dramática: da passagem do meio intra-uterino, que é calor, proteção e satisfação plena (e daí o suporte para a mitificação imaginária da vida *in utero*) passamos à vida mundana, que é busca incessante de gratificação, medo, desamparo e sofrimento.

Ao longo do processo de desenvolvimento infantil, outras violências simbólicas serão necessárias para a criança subjetivar-se, tornando-se alguém com identidade própria. Em termos de violências internas ao sujeito, é a psicanalista Melanie Klein (1971) quem mais densamente descreve o mundo imaginário do pequeno bebê, como violentamente angustiante, povoado por delírios paranóicos, principalmente durante a *posição esquizo-paranóide*, fase que recobre os primeiros três meses da existência, e por profundos sentimentos de luto e melancolia, no decorrer da *posição depressiva*, fase do desenvolvimento infantil que vai dos 4 meses até 1 ano, aproximadamente. Vale ressaltar que em meio a esse tormentoso inferno dantesco dos primórdios da vida, prenhe de impulsos suicidas, inveja, ciúme, culpa e remorso, há também uma fome de viver, de *querer pertencer*, como bem diz Clarice Lispector em uma das crônicas compiladas em *A descoberta do mundo*:

> desde o berço, a criança sente o ambiente, a criança quer: nela o ser humano no berço já começou. Tenho certeza de que no berço a minha primeira vontade foi a de pertencer ... Quase consigo me visualizar no berço, quase consigo reproduzir em mim a vaga e no entanto premente sensação de precisar pertencer. (1992, p. 110-1)

Na continuidade de sua crônica, nomeada "Pertencer", a escritora nos remete ao emaranhado de sua história de vida e à culpa por não ter correspondido ao sonho dos pais; afinal, um drama da existência comum a todos nós: responder ao sonho paterno. A escritora reporta-se especialmente ao fato de sua mãe encontrar-se doente à época de seu nascimento

> e por uma superstição bastante espalhada, acreditava-se que ter um filho curava uma mulher de uma doença. Só que não curei minha mãe. E sinto até hoje esta carga de culpa: fizeram-me para uma missão determinada e eu falhei. Como se contassem comigo e eu tivesse desertado. Sei que meus pais me perdoaram eu ter nascido em vão e tê-los traído na esperança. Mas eu, eu não me perdôo ... Eu nem podia confiar a alguém essa espécie de *solidão de não pertencer* porque, como desertor eu tinha o segredo da fuga que por vergonha não podia ser conhecido. (ibidem, p. 111)

Essa crônica de Clarice Lispector nos ajuda a compreender a fragilidade humana, ao mesmo tempo em que provoca nosso *sentimento de mundo* (como tão bem soube dizer Drummond) e faz ver o desamparo incomensurável que aprisiona esses meninos que vivem nas ruas. É que o viver nas ruas os expõe à nudez mais nua da *solidão de não pertencer* aos pais e irmãos, aos professores e colegas etc., mobilizando neles um alto grau de culpa por sua condição de excluídos.

"NARCISO ACHA FEIO O QUE NÃO É ESPELHO"

Na nova ordem familiar inaugurada com a modernidade, mãe e bebê devem ser um espelho do outro, simbiose narcísica necessária à confirmação do sonho de completude alimentado pelo triunfo do individualismo na sociedade moderna. Aos poucos, a relação espelhada vai-se desfazendo, com a intrusão de um terceiro elemento, representante da "lei do pai ou da cultura"; ou seja, deve haver um momento necessário de ruptura mãe-filho para este subjetivar-se, desprendendo-se da nave-mãe e navegando com segurança por outras galáxias "não lácteas" a caminho da maturidade. A importância de se ter um nome, na acepção psicanalítica do termo, está no significado da identificação com o "nome do pai" ou lei da cultura baseada na proibição do incesto, que impede a continuidade simbiótica mãe-filho, partejando-o para a difícil vida societária. Terreno tortuoso e movediço, "chão de liberdade necessário à construção do sujeito autônomo", nas palavras do psicanalista Hélio Pellegrino (1992, p.32).

A travessia da criança pelos caminhos do desenvolvimento humano é, assim, permeada por uma sucessão de violências simbólicas, que culminam no complexo de Édipo, e pela internalização decorrente dos preceitos morais, a qual impele o indivíduo à busca de satisfação fora do círculo familiar,[2] psicologicamente, corresponde à instituição do superego infantil, necessário para "limitar os impulsos primitivos da criança para que a mesma se humanize e se diferencie de um animal inferior", conforme a definição de Laplanche & Pontalis (1986, p.135).

Mas é possível que a relação fusional com a mãe se torne uma paixão não resolvida, e nesse caso haveria a violência da não-ruptura, que poderá ocorrer, sobretudo quando a relação mãe-filho é miserável, quer do ponto de vista socioeconômico quer psicológico. Violência esta retratada com rara sensibilidade pelo compositor Chico Buarque na música "O meu guri", cuja idéia contida nos versos iniciais pode ser assim interpretada: "Meu rebento arrebentou / eu nem tive tempo de lhe colocar um nome / ele foi nascendo assim / de repente/ com cara de fome". A letra da música segue tematizando o problema desse filho, sem nome e muita fome, que passa a vida furtando objetos e os presenteando à mãe (inclusive uma bolsa com documentos e tudo, para lhe conferir uma identidade, como diz outro trecho da música) até vir a ser encontrado morto por ela, a qual parece negar defensivamente que o filho havia delinqüido.

É então o caso de perguntar: como uma mãe, para quem o filho tem cara de fome, certamente uma cara feia e agoniada, poderá admirá-lo como se fosse seu espelho, expressando em seu rosto um sorriso confirmador da beleza do filho e de seu narcisismo?

---

2 Trata-se de um percurso rumo à maturidade no qual se alteram percepções, relações com a mãe, o outro, enfim, e que mudam nossa gramática subjetiva, exigindo o discernimento de outras palavras, como ilustra este inventado trocadilho: infância: *à deusa, ilusões; maturidade: adeus às ilusões.*

Ou seja, se a uma mãe não é possível reconhecer seu filho como alguém belo, perfeito e acabado, correrá o risco de querer guardá-lo para si, impedindo-lhe nascer para o mundo. Muito provavelmente terá dificuldades em separar-se dele e colocar-lhe um *nome*, no sentido conferido pela psicanálise, ou seja, limites que tenha que respeitar e zelar para subjetivar-se, tornando-se autônomo psicologicamente e separado dos demais.

Esse drama irresoluto, na relação mãe-filho, pode ser tomado como exemplar da relação de Talião, 13 anos, com a mãe. Trata-se de um menino que alterna o viver nas ruas com breves períodos de estada na CPC, e padece da falta de uma referência psicológica interna que aplaque sua inquietude e ponha fim em seu comportamento errante. No processo de pesquisa, por nós conduzido, Talião participou apenas de duas vivências que realizamos na Casa, depois voltou para as ruas e, novamente, segundo uma educadora social entrevistada, fora encaminhado ao *projeto do pastor* (visando afastá-lo do crack), na cidade de Garça, a qual dista cerca de 30 quilômetros de Marília.

Na primeira vivência da qual Talião participou, suas respostas foram emblemáticas da volatilidade de comportamento e insegurança básica que o afligem, diante do impossível porto seguro familiar ou institucional que não consegue ter, mas que sabidamente é preciso para construir sua identidade. Curiosamente, Talião elegeu como cidade que gostaria de ser, na vivência "Se ele fosse... uma cidade", Garça, porque é provável que fora aí, precisamente (e apenas), que se sentira acolhido pelo *projeto do pastor*, contrastando com a resposta da maioria (ver, nos Anexos, a oficina: "Se você fosse...") que voou em pensamento para muito mais longe, escolhendo cidades grandes, São Paulo, Santos etc. Também nessa mesma oficina, Talião escolheu "macaco" como o bicho para representá-lo, o que gerou risos entre os colegas e comentários: "Você é macaco, mesmo, só fica pulando", em uma alusão clara ao fato de Talião não permanecer por muito tempo freqüentando a Casa e levar a vida "pulando" desta para a rua e vice-versa.

A culpa atribuída à família, particularmente à mãe, é a causa do problema de Talião e das demais crianças em situação de rua, no entender de duas educadoras sociais entrevistadas. Uma delas, referindo-se especificamente à permanência recalcitrante de Talião nas ruas, enfatizou em sua entrevista: "A culpa é da mãe, ela é pirada ... foi lá no projeto do pastor, em Garça, e tirou ele ... falou que largou mão, ela fez uma comparação com o filho, assim: 'se você pega uma caixa de laranja na feira, tem sempre umas estragada', ela não quer nem saber mais dele" (Entrevista 1).[3]

A outra educadora entrevistada também considera os problemas familiares como a principal causa para uma criança viver nas ruas:

> P: Na sua opinião, o que leva uma criança a pedir dinheiro nos semáforos ou a preferir viver nas ruas?
> R: O problema é a família, a criança em casa não se sente amada pela mãe, pelos familiares. A mãe tá num processo de desânimo, não tem aquele pulso de educar os filhos. São muitos filhos e no convívio entre eles não tem aquela coisa de colaborar um com o outro; é cada um por si, a criança sai pra rua porque não se sente bem ali. Não dá para culpar os pais, porque eles também não aprenderam a dar carinho, amor. Na rua, ele come salgadinho, toma Coca – coisas que na casa dele não tem. É melhor pra ele ficar na rua, porque em casa briga com os irmãos, a mãe não o compreende. (Entrevista 4)

Não há dúvida de que ambas as educadoras têm uma representação sustentável do real vivido por Talião em suas relações familiares, particularmente com a mãe. Entretanto, há necessidade de uma compreensão mais ampliada e complexa da questão, faltando reconhecer, para além de meramente imputar culpa à família *per si*, o peso da ética narcisista que regula as relações humanas na sociedade contemporânea e à qual todos estamos submetidos, não só a mãe de Talião, ao compará-lo a uma mercadoria descartável. Conforme se argumentou no capítulo anterior, com apoio nas teses defendidas por Calligaris, não é por falta mas por excesso de amor do tipo narcisista que os próprios pais poderão explorar os filhos no trabalho, vender seus corpos no mercado da fome ou da prostituição etc.; também não será porque uma família tem muitos filhos que o convívio familiar estará fadado ao fracasso e cada um

---

3 As entrevistas estão relacionadas nos Anexos, na seção "Perfil dos entrevistados".

agirá por si, sem colaboração dos demais, como sugere uma das educadoras entrevistadas.

Nessa direção de análise, cabe interpretar que a mãe de Talião, ao compará-lo a uma laranja estragada, agiu defensivamente, submetida à lógica perversa do amor narcisista contemporâneo, do tipo "olho por olho, dente por dente"; ou seja, o filho que não servir de espelho ao desejo materno, narciso acha feio, e poderá ser condenado ao desterro de viver à mercê de sua própria sorte nas ruas.[4]

MÃES DE CABEÇA CHEIA, FILHOS DE BARRIGA VAZIA

Na mesma linha interpretativa da psicanálise, pode-se supor que no caso de a criança passar muita fome (não só de comida, mas também de amor), torna-se difícil gratificar sua demanda de satisfação sem que apareçam nela sinais de inveja ou ressentimento, em relação à mãe e aos outros de maneira geral. Segundo alerta Melanie Klein (1971), a criança que tem uma voracidade insaciável poderá alucinar que a mãe guardou para si o alimento, projetando nela seus impulsos hostis e, conseqüentemente, sentindo dificuldade em desenvolver sentimentos de amor e gratidão às pessoas. Nesta direção de análise, também figuram as contribuições de Winnicott (1982) sobre a personalidade anti-social de meninos praticantes de furtos, mostrando que estes buscam equivocadamente com o roubo conseguir a indulgência do amor materno experimentado no passado.

Esses argumentos derivados da prática clínica de expoentes psicanalistas nos permitem melhor compreender a situação-limite vivida nas ruas por Raimundo, 16 anos, temeroso de ser mandado para a Febem por ter participado de pequenos furtos. A história relatada por Raimundo, cuja trajetória de vida acompanhamos durante os dois últimos meses de 2000, deixa entrever que, aos

---

4 A interpretação acima foi originariamente por nós desenvolvida em um artigo (Justo, 1999a), à semelhança da análise de Mannoni (1985, p.12) a respeito da dificuldade do jogo especular mãe-filho, quando a psicanalista se refere ao fato de este apresentar alguma necessidade especial.

seus olhos, é alguém que passou muita fome, não só de comida, mas de carinho materno. Como no caso de Talião, parece ser também vítima de uma relação fusional não resolvida com a mãe e por quem nutre um profundo amor mesclado com efervescente ódio, visível nos gritos de socorro que pareciam emergir de seus silêncios intermináveis durante nossas conversas.

Raimundo, conhecido entre os colegas como "Tatu", perambula há alguns anos pela cidade e vive entregue à própria sorte em embates com policiais, usuários e passadores de drogas nos becos e ruas do centro de Marília. Não conhece os horrores de uma internação na Febem, mas sabe o pavor de ter sido internado para desintoxicação de drogas em um hospital psiquiátrico.

Durante algumas semanas, Raimundo foi acolhido por estudantes na moradia estudantil da UNESP – o que é irregular, frisemos, mas no entender de alguns alunos não havia outra saída – na tentativa de encaminhá-lo a alguma instituição ou fazê-lo voltar à escola, visto que o adolescente mal sabe escrever o próprio nome, embora diga que tenha freqüentado escola durante dois anos.

Refratário a uma entrevista demorada, em seu breve depoimento – de flagrante tom apelativo –, Raimundo disse: "A minha história é de alguém que não devia ter nascido, família pra mim não existe ... com a minha mãe eu não vou morar mais nunca, ela me deixou; eu era pequeno, fui morar com minha vó, eu não quero mais vê ela, nem que ela venha pintada de ouro". Da sua infância, lembrou-se da vez que apanhou, porque tinha comido toda a lata de leite em pó que sua mãe escondera debaixo da cama para garantir alimento ao irmão mais novo.

Nessa época, vivia junto com a família da tia que, no entanto, não o queria mais, devido ao seu envolvimento com drogas; trazia as marcas da miséria econômica e também emocional, fincadas no passado por inúmeras experiências de perda afetiva (não conhece o pai e diz que não tem família), ao ponto de representar a morte como seu maior medo e afirmar "pra mim não tem lugar nesse mundo pra ficá não, se não tiver pra onde ir, não faz mal, falô; vou dormir no meio do mato".

A insegurança de levar a vida por um fio, sem nenhuma proteção ou amarra familiar, aumenta sua fragilidade, seu medo de

morrer e fortalece suas defesas paranóides, reforçando sua descrença no mundo como um lugar possível para viver. Raimundo
disse não confiar nas pessoas, parece querer devolver ao mundo e
às pessoas com as quais conversa toda a agressão que sente ter
sofrido, provocando-nos com comentários como este (feito na sala
de espera do Conselho Tutelar enquanto aguardávamos sermos
atendidos): "Essa corda aí [apontando o cordão de náilon que arre-
matava o rodapé do carpete da sala] é bom pra garroteá animal".
Talvez se sinta mesmo como o próprio animal a ser garroteado
pela sociedade e por isso fale de sua preferência em dormir no
meio do mato, fazendo jus ao apelido de "Tatu" que lhe colocaram.

A propósito do apelido Tatu[5] usado por Raimundo, cabem
algumas notas, à luz de teorizações psicanalíticas. O nome de uma
pessoa confere a ela um registro de filiação, um lugar no desejo
paterno. Reconhecer-se filho(a) de um fulano(a) é uma importante
referência identitária, um porto seguro ao qual a pessoa pode recorrer no seu imaginário para ter confiança e buscar terra firme
em meio à tormenta subjetiva de tentar responder para si mesmo:
quem eu sou? Raimundo parece ter dificuldade em assumir-se como
tal porque sente que não tem um lugar reservado no afeto da mãe,
padecendo de uma insegurança básica na relação com ela.

Defende-se psicologicamente do mundo, ao seu olhar cruel e
no qual sente não ter lugar para si, mostrando força e exibindo
uma faca que carrega consigo, o que acaba afastando-o ainda mais
das poucas pessoas que o acolheram. Embora não haja certeza,
paira sobre ele a suspeita de que tenha esfaqueado o cachorro de
um dos estudantes, razão pela qual temem sua permanência na
moradia estudantil.

Em suma, Raimundo está só, no "olho da rua", exposto a um
espaço que não é seu, nem de ninguém, pois a rua "é um espaço

---

5   Nas andanças pela rua, encontramos "Cabeção" (referência a um estigma cor-
    poral que supõe inteligência inferior) e também Dadinho (curiosamente, um
    menino que flagramos dormindo no coreto de uma praça, exposto a toda
    sorte de violências, parecendo brincar, como em um lance de dados com a
    vida e a morte. Sobre uso de apelidos, Ferreira (2001, p.74) comenta que a
    adulteração do nome, prática freqüente entre os meninos, tem o sentido de
    dar-lhes outra identidade, necessária para se resguardar das encrencas na rua
    e atenuar as angústias advindas do abalo narcísico dessa nova vida.

vazio sem borda" (Ferreira, 2001, p.27), parecendo entender que ecoam na sua condição de vida esses versos do poema "As sete faces", de Drummond de Andrade (1996, p.54): "mundo / vasto mundo/se eu me chamasse Raimundo / seria uma rima / não seria uma solução". Sabe-se (e diferentes teorias psicológicas afirmam) que as relações de amizade são demasiadamente necessárias na trajetória do processo de alguém tornar-se humano, no qual se vai desenrolando a infância em um movimento progressivo de desprendimento da nave materna (não necessariamente protagonizada pela mãe) e de preparo para rumar a vida. Trata-se de relações que a criança vai estabelecendo fora da órbita da *maternagem* e que lhe permitem, aos poucos, perceber-se como alguém enganchada aos outros, ao mesmo tempo, como pessoa única e singular no mundo. Infelizmente, o tecido social necessário ao desenvolvimento humano – o suporte comunitário, as relações entre vizinhos, a escola, o acompanhamento à saúde, a preparação profissional etc. – está cada vez mais esgarçado, o que faz com que meninos, como Raimundo, muito cedo saiam do colo da mãe e passem a viver nas ruas, para a indignação de muitos de nós. Esta foi a constatação pungente feita por uma liderança de bairro, que entrevistamos:

> P: Na sua opinião, por que as crianças vão viver nas ruas?
> R: É a necessidade da família. Eu vi essas crianças crescer no bairro, eu vi no colo da mãe deles e de repente estão na rua ... não tem escola boa, não tem projeto de profissionalização, ficam na rua porque não têm outro jeito ... não vão para a Casa do Pequeno Cidadão ... eles dizem que lá não tem nada pra fazer, que só faz a tarefa e depois fica largado, jogando bola. (Entrevista 2)

VIOLÊNCIA CONTRA A CRIANÇA QUE VIVE NA RUA

Com base no que foi sublinhado em páginas anteriores, a respeito do desenvolvimento psicológico infantil, pode-se dizer que a criança já nasce sob o signo da violência, ou seja, é arrancada do mundo intra-uterino – onde tudo é plenitude e prazer –, para o mundo humano, e a partir daí não lhe será possível crescer sem rimar amor e dor. Na concepção freudiana, sabe-se, a infância é por excelência lugar de angústias e inúmeros conflitos entre fantasia/realidade, pulsões do eu/sexuais, pulsões de vida/morte, sentimentos de amor/ódio dirigidos para si mesmo e para os outros.

No tocante ao mundo fantasioso infantil, Freud se refere no texto "Uma criança é espancada" (1969c) especificamente à fantasia de espancamento, a qual supõe ser responsável pelas mutilações e rituais de sacrifício de crianças; ao mesmo tempo em que diz tratar-se de uma fantasia arquetípica do ser humano de função reparadora, impelindo o homem a agir civilizadamente com práticas educativas e sublimações diversas para ressarcir os ímpetos de sua violência contra a criança.

Na mesma linha de raciocínio, foi Melanie Klein, seguidora de Freud na Inglaterra, que argumentou, com farto apoio em estudos clínicos, a respeito da existência de fantasias cruéis na vida emocional dos bebês e, por isso mesmo, a que mais chocou e ainda choca a comunidade científica com seus relatos sobre os sentimentos *espúrios*, tais como, inveja, ódio, fantasias homicidas etc., presentes na alma pura dos *putti* – esses pequenos anjos endemoniados.[6]

Embora seja difícil acreditar, como Melanie Klein adverte, que a infância seja o período mais angustiante e cruel da vida, os inúmeros casos de crianças vítimas de violência doméstica confirmam que o espancamento e a crueldade não se dão apenas no *imaginário* adulto ou infantil, mas estão presentes em famílias de todas as classes sociais.[7]

A responsabilidade da sociedade nessas manifestações infantis de violência é assim justificada pelo psicanalista francês Roger Dadoun:

---

6 Em sua obra *Psicanálise da criança* (1969) Melanie Klein põe à mostra um retrato da pequena criança, nada pacífico: "o bebê que mama experimenta pulsões e fantasmas destruidores que são dirigidos contra seu primeiro objeto, sua mãe ... as análises de todas as crianças pequenas não deixam dúvida, pois elas nos oferecem com precisão e evidência o espetáculo das crueldades imaginárias que acompanham estes desejos em toda sua abundância, sua força e sua multiplicidade.

7 Ao lado dessas evidências, também há uma abundante literatura que registra a crueldade dos *putti*. Na literatura brasileira, ressalte-se o livro de contos *O sadismo de nossa infância*, organizado por Fanny Abramovich (1982). Em relação à estrangeira, destaque-se o conto austríaco "O aluno Torless", de Robert Musil, de 1906, que descreve o jogo de relações de quatro alunos, de perso-

Um grupo de crianças, isolado e subtraído das regras e da vigilância da sociedade, não pode fazer outra coisa a não ser regressar a um estado de selvageria … situação que faz aflorar, remontar à superfície uma violência que costuma-se qualificar, com indiferença, de "arcaica", "ancestral", "atávica" – termos imprecisos para apenas confirmar que a estrutura essencial do *homo violens* está sempre presente e em todo lugar. (1993, p.61)

A hipótese psicanalítica do *homo violens*, como inerente à condição humana, suportada na idéia freudiana da existência de uma pulsão de morte no homem, ligada à destrutividade, é uma das suposições psicanalíticas que mais encontra resistência. A nosso ver, acreditar que o mal não é estranho ao sujeito, mas, ao contrário, está em suas entranhas, como propõe a psicanálise, pelo menos demanda que o indivíduo entre em contato com esse conteúdo emocional em si mesmo, esforçando-se para não negá-lo ou projetá-lo a toda hora.

A suposição adotada pela psicanálise de que Thanatos (instinto de morte), igualmente e em conflito com Eros (instinto de vida), habita o sujeito é um convite à elaboração de um conflito psicológico básico que faz Freud a todo ser humano: afrontar seu próprio ódio e impulsos agressivos, reconhecendo que a agressão é uma possibilidade comum a todos e não só possível no outro. Achar que o mal está apenas fora do sujeito, no entender psicanalítico, seria um mecanismo de defesa do eu, base para manifestação de intolerância cultural e de toda sorte de preconceitos étnicos e sociais: mau é o "outro", o negro, o pobre, o homossexual, a criança em situação de rua etc., em suma, todo aquele diferente de mim.

Iremos, agora, analisar de maneira um pouco mais aprofundada a intolerância à criança que vive na rua como uma ameaça irracional, sem base objetiva, passível de ser suscitada em nós, cidadãos de classe média bem-intencionados, nem sempre percebida de forma consciente pela própria criança vitimizada e que talvez permaneça também obscura para boa parte daqueles que pesquisam ou traba-

---

nalidades bem distintas e unidos por práticas sadomasoquistas; o relato de William Golding *O senhor das moscas*, de 1956, o qual mostra alunos náufragos em uma ilha deserta e que decidem sacrificar um deles (apud Dadoun, 1993, p.54).

lham diretamente com ela nas ruas ou em projetos sociais. A presente análise se fará com o intuito de fornecer subsídios para uma melhor compreensão da condição de vítima em que se encontra essa criança aprisionada em seu viver na rua, com base em algumas idéias tomadas de empréstimo de um ensaio escrito por Eva Landa (1998) sobre a emergência do preconceito de maneira geral.

É possível analisar a emergência do preconceito em relação à criança em situação de rua com base nos estudos psicanalíticos sobre o narcisismo, reconhecendo-se que o preconceito está a serviço do *eu* narcísico, isto é, aparece quando uma pessoa sente-se ameaçada no seu espaço narcísico. Esse espaço, que se constrói com base em mecanismos de identificação e projeção, desde quando a vida começa, visa manter um *eu* identificado ao puro prazer, em contraposição a um mundo sentido como desprazer, perseguidor e mau. Trata-se de um movimento muito primitivo, que Melanie Klein designou como posição *esquizo-paranóide* e que, não obstante seja característica dos primeiros 4 meses de vida, acompanha-nos por toda a trajetória vital, podendo se intensificar em períodos de ameaça real à integridade de nosso *eu*.

No intuito de preservação desse espaço narcísico, nós tentamos identificar na realidade objetiva potenciais inimigos que colocam em xeque nossa sobrevivência física ou social, com base em um medo real; quer dizer, a pessoa acaba justificando seu medo, dizendo que de fato as pessoas têm que se cuidar, *não dar folga pra bandido*, porque existe maldade no mundo e é necessário se precaver contra aqueles que podem nos roubar, atacar, matar etc. Ocorre, porém, que quando o preconceito se instala a serviço do eu narcísico a ansiedade da pessoa se manifesta como um temor exagerado, sem base objetiva, exatamente porque o preconceituoso, no fundo, receia suas próprias tendências destrutivas, para ele inaceitáveis. Dessa forma, pode-se dizer que quanto menor a aceitação da maldade como algo possível para si, maior o preconceito e a necessidade de o sujeito encontrar "bodes expiatórios" para o mal inaceitável em si mesmo.

Considerada a premissa de que os atos violentos são uma possibilidade humana, seria fundamental que todas as crianças e adolescentes tivessem condições otimizadoras de desenvolvimento psicológico para que pudessem crescer aprendendo a dominar seus impulsos destrutivos, fazendo sublimações diversas, pois assim apregoam os teóricos do desenvolvimento: a ociosidade do menino nas ruas precisaria ser trocada pela sociabilidade em oficinas de arte-educação, capacitação profissional, inserção no mercado de trabalho com bolsas-aprendizagem, conforme prevê o ECA etc. Entretanto, sabemos da falta de compromisso da maioria dos programas de atendimento às crianças e adolescentes em situação de rua; ao contrário, em geral há muito comprometimento político dos idealizadores dos programas, pois sabe-se que atender à criança desassistida socialmente, hoje, rende incalculáveis votos nas campanhas eleitorais.

Na mesma linha interpretativa, deve-se considerar que esse *outro*, no caso as crianças e os adolescentes que vivem nas ruas abandonados à própria sorte na grande roda viva que é a vida de todos, nos coloca de frente com a condição de desamparo, morte e abandono, os quais compõem, no entender da psicanálise, o medo humano inaugural que nos acompanha por toda a vida; ou seja, a criança em situação de rua nos toca de maneira provocativa, por nossos filhos *de casa e família* e por nós mesmos, estremece nossa frágil segurança e onipotência ilusória de pessoas adultas e responsáveis.

Nesse sentido, será que esses meninos *livres* nas ruas não provocariam uma certa inveja em nós, que tivemos que renunciar ao paraíso da infância e pagar o ônus das obrigações sociais para nos tornarmos cidadãos bem-sucedidos? Como prediz um trecho de uma música de Chico Buarque, "À flor da pele": "todos os meninos vão desembestar / até o padre eterno vai abençoar / o que não tem juízo". Será que não receamos que nossas crianças *de família* (ou nós mesmos, uma vez que os desejos das crianças poderão ser caricaturas dos devaneios frustrados dos adultos) desembestem ou se tornem um desses exterminados sociais nas ruas? São algumas das perguntas que podem estar animando a conduta defensiva de profissionais das áreas social e judicial, armada no preconceito, e que acaba por encaminhá-los às pressas de volta à sua própria casa ou para a "casa de horrores" em que se têm transformado as unidades da Febem-SP.

Convém assinalar que o uso de projeções defensivas no cotidiano é um exercício tão constante que se torna para nós uma violência invisível; a todo momento estamos racionalizando, projetando, pois sempre a culpa é do outro, não nossa, a violência vem do outro, do diferente de nós. A propósito, ressalte-se mais uma vez, apesar da redundância, que toda pessoa precisa do outro para se diferenciar e subjetivar-se; é o outro, inicialmente representado pela função materna, que dará parâmetros para a criança responder às questões "quem sou eu?", "no que sou diferente?". Entretanto, o outro, ao mesmo tempo que é necessário, é também rechaçado como invasivo, exatamente porque o outro abre o caminho para a individuação, o corte entre mãe-criança nomeia e diferencia com a imposição da "lei paterna"; enfim, o outro me confere uma identidade.

Nessa linha de raciocínio, como propõe Dadoun, não apenas toda violência é sentida como violência do outro, mas o outro, como tal, é violência:

> ele me "ocupa" – é insuportável! Para ele não é suficiente ser o outro; ainda é necessário que ele me implique nele, me ingira, me absorva na sua alteridade, que ele me vire e revire no seu próprio interior, para me jogar na cara uma imagem minha desconhecida por mim e com a qual me reveste. O outro me inflige uma dupla violência: violência da alteridade como tal, e violência da alteridade porque tenta me identificar, porque corrói ou soterra minha identidade. (1993, p.66)

A citação acima torna-se importante para amparar teoricamente e melhor compreender a angústia do educador de rua, no embate travado cotidianamente com os meninos, no esforço que lhe cabe fazer para que desapareçam da rua, como elucida o depoimento abaixo:

> A forma como eles [os supervisores] passam o trabalho pra gente fazer na rua é traumatizante: você tem que tirar a criança da rua, de qualquer jeito ... me dá vontade de xingar, bater na criança. Se tivesse um buraco, queria pegar, enfiar lá dentro, pra ela desaparecer. Eu até entendo a atitude dos policiais quando eles têm que limpar a área, sabe? Eu sinto raiva da criança, minha vontade às vezes é chorar. (Entrevista 4)

Necessário se torna perceber que a criança "jogada" na rua remete o educador ao seu próprio desamparo psíquico. Esse outro (no caso, o menino de rua) evoca em todos, quer sejamos os educadores profissionalmente destinados a tirar a criança da rua quer sejamos *pacatos cidadãos* – como alude uma música bastante popular –, a consciência do outro desconhecido em nós mesmos. Bem diz um fragmento do poema "Traduzir-se", de Ferreira Gullar (1980): "uma parte de mim é linguagem, outra é só vertigem". Ou seja, uma é ego, outra é id, inconsciente; uma é pensamento elaborado, consciente, outra é confusão, desgoverno, desconhecido.

O fato é que vivemos essas contradições, negando que o desamparo, a perversão, o ódio, o mal, a agressividade são possibilidades do humano enraizadas em todos nós, como também parecemos desconhecer que alguém possa ter cronologicamente 20 anos, mas, em algum lugar do seu coração, a idade de apenas 2, como alerta Melanie Klein em uma das passagens de seu livro *Amor, ódio e reparação* (1970). A propósito, vale sublinhar a advertência feita pela psicanalista Mautner:

> Apesar de Freud já ter dito há mais de 90 anos que o nenê é polimorfo perverso, para nós, emocionalmente, são meras palavras. Não conseguimos conceber a criança má ou cruel. A raiva dos pequeninos é tão facilmente tolerável porque é claro que eles não têm força para nos machucar ... Mas já taludinho, se a raiva continuar incontida, os impulsos incontrolados, por não terem introjetado as interdições no devido tempo, não sabemos o que fazer diante deles. Paramos em horror. Quando o outro não responde nem um pouco como o previsto, quando nossas categorias não se ajustam, ficamos horrorizados. (1992, p.42)

Pode-se dizer que quando o outro não responde à nossa expectativa ficamos mais do que horrorizados: nós o sentimos como ameaça e podemos atirá-lo na lata de lixo social. A negação de que o mal está enraizado em todo e qualquer ser humano, somada ao xenofobismo e ao individualismo narcisista, atitudes prevalecentes na sociedade atual, podem decretar a *morte* do outro, do diferente. No caso da criança de rua ou que vive nas ruas, embora os estudos empíricos apontem baixos índices de violência ou homicídios praticados por elas – como já mostraram diferentes estudos, por exemplo o conduzido por Aptekar (1996) –, no nosso imaginário ou elas figuram como futuros bandidos ou nós as banimos de nossa consideração, porque são diferentes das "nossas" crianças. Por que haveriam de ser respeitadas, compreendidas e amadas, se não servem aos nossos anseios narcisistas?

Foto Amanda, 12.

"Escolhi esta [do buracão] porque a gente passa todo dia quando sai da CPC e vai para casa."

Adilson, 15, referiu-se em sua entrevista ao estigma de ser usuário da CPC, queixando-se da exclusão social à qual se sente submetido:

P. Daqui a dez anos, como vai ser seu futuro, você vai estar como?
R. Melhor, só vai depender de mim. Tenho esperança de mudar de vida.
P. Mudar para qual vida?
R. Mudar socialmente, ser valorizado, assim, ser reconhecido como civil.
P. Você acha que as pessoas não o tratam bem, não o valorizam?
R. Não trata. Ir na CPC eu já reconheço, estar com a camiseta da CPC, as pessoas olham prá mim como se eu fosse bandido; no supermercado humilham a gente, pensam que a gente vai pegar alguma coisa ... eles falam se você ver alguém pedindo esmola pra não dar esmola.

Amanda, 12, que há três anos passou a freqüentar o projeto Casa, foi quem melhor exprimiu entre os entrevistados o sentimento de humilhação mesclado ao prazer de mendigar nas ruas:

> tinha uns que xingava nós, falava pra gente num ficá na rua, eles falavam vão embora ... na rua é perigoso, os carro podia tropelá; eles pensava que nós pedia pra comprá arroz, feijão ... um pouco de dinheiro a gente levava pra casa, outro pouco nós comprava bolacha ... mais coisa pra nós; ia pedí, na avenida, minha prima, a outra minha irmã, meus irmão, tudo junto ... a gente olhava carro no Flor Pastel ... Eu achava bom, nós ganhava dinheiro, queria uma coisa, já comprava; depois meu pai morreu, nós começamo na Casa do Pequeno Cidadão i paramos de ir pra rua. Minha mãe agora trabalha, dá dinheiro quando nós precisa.

Ou seja, com algum nível de consciência crítica, Amanda sabia tirar proveito da condição de vítima em que a sociedade lhe colocava e talvez por isso lembre-se com certa nostalgia do tempo bom de mendicância nas ruas, tempo mágico: "queria uma coisa, já comprava". Por outro lado, Amanda deixou transparecer em sua entrevista que se sente mais segura, agora, freqüentando a CPC, porque é acolhida dentro de uma rotina institucional que lhe dá parâmetros para estruturar sua identidade: "O que eu mais gosto aqui [na CPC] é quando a gente chega ... aí vai comê, escová o dente. Depois vai pro coral, uns vão pro reforço, vão fazê tarefa".

O fato de a criança em situação de rua saber levar vantagem com a condição de vítima em que muitas vezes é olhada pela sociedade foi objeto de estudo por parte de inúmeros pesquisadores, como Mazzotti (1997), Gregori (2000). Porém, posar de vítima, enquanto estratégia de sobrevivência ou *viração* (palavra-título do livro de Filomena Gregori, antes referida), nem sempre comove o olhar estigmatizante da classe média, dos proprietários e de seus seguranças, que normalmente vêem a carreira de marginal como o futuro inexorável da criança em situação de rua, identificando-a com qualquer criminoso potencial. O efeito devastador dessa imagem prevalecente no imaginário da sociedade, tanto para as relações das pessoas com a criança sobrevivente nas ruas quanto para suas auto-representações, dispensa maiores comentários.

Registramos no diário de campo – um dos valiosos instrumentos de que lançamos mão no decorrer da pesquisa –, alguns atritos ocorridos entre crianças em situação de rua e proprietários de estabelecimentos comerciais, ou desavenças das crianças com educadores de rua; dentre eles assinalaremos dois episódios, marcantes pela reação questionadora das crianças envolvidas. Um deles refere-se a uma situação em que uma educadora tentava convencer um grupo de meninos a parar de pedir dinheiro em um semáforo, ao mesmo tempo em que estudantes aprovados em vestibular também faziam uma coleta, a fim de angariar fundos para o trote dos calouros. Diante da minha interpelação sobre o que estava ocorrendo, um dos meninos (que aparentava ter entre 10 e 12 anos) reagiu indignado: "Por quê eles pode pedí e nós não?". O outro caso de atrito deu-se em uma padaria, em que três meninos, de idade variando entre 7 e 10 anos, sentaram-se em uma das mesas colocadas na calçada para uso dos fregueses; o maior deles, chamado preconceituosamente de "café torrado" por um dos funcionários do estabelecimento, trazia um taco de *snooker*, o que foi o bastante para a proprietária tentar expulsá-los do local, alegando que eles poderiam machucar alguém e incriminando-os por suspeita de terem furtado o objeto etc., insinuações às quais um deles reagiu, saindo da mesa, mas permanecendo sentado na sarjeta durante algum tempo e invocando seus direitos: "A rua é pública, por que eu não posso ficar aqui sentado?".

Cabe ressaltar que o número de atritos ou de flagrante preconceito em relação à criança que vive na rua pode ir aumentando proporcionalmente à insegurança dos proprietários, comerciantes etc.; enfim, à medida que nós, pessoas ditas de bem, sentimos aumentar nossos problemas financeiros e tremer o chão da segurança social e da convivência no espaço coletivo, cresce nosso desamparo, perdemos as âncoras identificatórias no mundo público e, conseqüentemente, tendemos a defender ferrenhamente o espaço privado, como única garantia de preservarmos um *mínimo eu*, o *nós*, os laços de família, em contraposição aos *outros*, que passam a ser diabolizados, vistos como *os sem-família*, ou inferiorizados porque vêm de outra composição familiar, no entanto chamada de *família desestruturada*. Isso tende a ocorrer mesmo que aquele modelo de família nuclear e típica da classe média seja um arremedo de bem-estar, de relações pseudo-amorosas entre cônjuges, pais e filhos, na qual reine apenas um tipo de amor narcisista, limitado a relações de submissão e dependência recíprocas entre os seus membros.

As dificuldades de reconhecimento desse *outro* diferente de mim, no caso a criança em situação de rua, foram analisadas por Mautner (1992), e nos ajudam a elucidar o enigma que essa criança representa, particularmente aos olhos dos profissionais que trabalham diretamente nas ruas, como revela o depoimento indignado de uma das educadoras sociais entrevistada: "Eu não consigo entender como uma criança pode preferir ficar na rua, assim, sem nada, sem ter nenhum sonho, sem querer sair dessa; eu não me conformo, eu queria sentar com ela, sem pressa..." (Entrevista 4).

Mautner (ibidem) adverte-nos que as crianças que vivem na rua são incompreensíveis porque figuram para nós como seres oriundos de outro tempo-lugar, comparando-as ao tipo humano predador da época pré-histórica da humanidade, de antes da agricultura e do pastoreio, as quais sobrevivem catando os restos do que nós produzimos nas megalópoles; daí a dificuldade, segundo a psicanalista, não só de nos comunicarmos com essas crianças, mas de aceitação desse *outro*, marcado por um processo de subjetivação totalmente diferente.

Importante torna-se ressaltar, com base nessas argumentações, a angústia existencial e as fantasias paranóicas que a presença desse outro pode suscitar em nós, e o desafio à aceitação que a criança em situação de rua traz para os educadores sociais. Achamos que a nossa forma *civilizada* de viver é a melhor, a única correta ou quiçá possível de ser vivida; por isso mesmo, como sublinha Mautner, "dá um certo horror a condição [das crianças de rua] de destituídas de tudo tão perto da gente ... No imaginário de pacatas cidadãs, elas desejam a posse do que é nosso, quanto a mim parece que elas só querem o usufruto momentâneo" (ibidem, p.38)

É, pois, o desfrute imediato da vida – centrado no aqui, agora, o qual implica uma certa ausência de temporalidade no modo de subjetivar-se dessas crianças – que, segundo alerta a psicanalista, pode nos causar horror ou ameaça; textualmente, Mautner diz: "Minha irmã de rua é incompreensível para mim. A condição de ser atemporal me horroriza" (p.39).

Mautner propõe que olhemos, com ela, um pouco da vida dessa nossa semelhante sobrevivente nas ruas. "Por negação, por pura anestesia, creio que ela apaga lembranças das perdas que viveu ... só o alerta permanentemente e a consciência do 'agora' lhe parecem essenciais ... Quem não guarda coisas não pode esbanjar oportunidades de capturá-las" (p.39).

É nesse contexto de fixação no presente e nos limites do próprio corpo que Mautner interroga sobre a constituição da subjetividade de tais crianças:

> Quem não tem nada assegurado, além do próprio corpo, que tipo de subjetividade terá desenvolvido? ... No conjunto dinâmico da formação da subjetividade, a interdição paterna é um elemento atuante. Os inimigos [policiais e proprietários] não exercem esta função porque não se trata de semelhantes dos quais poderiam ter nascido e com os quais poderiam se identificar. (p.40)

Perante essas crianças, que passam grande parte do tempo da vida nas ruas, deparamo-nos com uma situação-limite de pessoas roubadas da possibilidade de terem acumulado uma memória que as ligue ao presente e ao porvir, costurados mediante a re-apresentação elaborada do que passou. Tudo isso é tarefa humana, de uma consciência de si ligada à noção de tempo, espaço e cidadania. Entretanto, conforme enfatiza Mautner,

> para a criança de rua se tornar cidadã, como nós, precisaria passar por todas as etapas do desenvolvimento, refazer seu crescimento, adquirir aptidões na ordem culturalmente prevista e *em tempo*. Sublinho o em tempo porque é aí que a coisa se complica. O meio cultural, todo e qualquer, desde que organizado, provê meios facilitadores para que a seqüência de fatos orgânicos e mentais se sucedam na vida das pessoas que vão ser seus cidadãos. Fora do tempo certo os facilitadores estão ausentes... (p.41)

GLOBALIZAÇÃO E INFÂNCIA NEGADA

Embora a motivação que leva as crianças a viverem nas ruas não seja exclusivamente de ordem econômica, é indubitável que as raízes dessa problemática, no Brasil, devem ser também buscadas nos perversos mecanismos de um sistema capitalista globalizado e ao mesmo tempo selvagem, fundado em injustiça e desigualdades sociais absurdas, produtor de um contingente significativo de miseráveis que não conseguem desfrutar de direitos humanos elementares: poder comer, dormir em uma casa, trabalhar, estudar e divertir-se minimamente. Um país que:

> tem uma população em torno de 160 milhões e um quarto desta população vive abaixo da linha de pobreza, com renda inferior a 50 dólares mensais ... O desnível de renda existente no Brasil figura entre os maiores do mundo. Os 20% mais pobres recebem meros 2% da riqueza nacional, enquanto os 20% mais ricos ficam com 60%. (Maxwell, 1999, p.5)

Esses dados são parte do *Resumo do Brasil* publicado pelo historiador inglês Kenneth Maxwell, que se completam com outros índices, muito semelhantes, registrados cinco anos atrás pela Unicef:

> 57,7% de pessoas com idade entre 0-17 anos, cerca de 35 milhões vivem em situação de pobreza absoluta, 90 milhões de pessoas desnutridas, 36 milhões destas são crianças, sendo 55% com idade abaixo de 5 anos, 19,6% dos trabalhadores recebem 1 salário mínimo ou menos. (apud Graciani, 1997, p.138)

É esse, portanto, o retrato de exclusão social em que se encontra parte considerável da população brasileira, vítima de uma vida posta à margem da sociedade, em estado de mal-estar permanente, com seus direitos de cidadãos negados. Não obstante esse quadro miserável, Maxwell aponta

> indicadores de melhoria na qualidade de vida, registrados nas três últimas décadas, como o aumento da expectativa de vida, aumento da renda "per capita" (em torno de US$ 5.000), diminuição do nú-

mero de filhos por família e decréscimo na mortalidade infantil (o índice caiu de 118 para cada mil nascimentos, em 1970, para 17 por 1000, nos anos 90) e a taxa de analfabetismo também diminuiu. (1999, p.4)

Foto: Elomar, 14.

"Eu quis tirar essa foto, para falar do desemprego, que é muito grande."

É fato reconhecido, complementa o historiador citado, que nos últimos anos houve um processo de estabilidade econômica que contribuiu para o aumento do poder aquisitivo de certa parcela da população. Calcula-se que "cerca de 19 milhões de pessoas passaram do nível de subsistência básica para o nível mais baixo da classe média brasileira, que hoje abrange cerca de 58 milhões de pessoas" (ibidem, p.5).

Entretanto, os analistas econômicos também relevam algumas das conseqüências indesejáveis do plano de estabilização da moeda brasileira, implantado em 1994. O próprio Maxwell sublinha que:

> muitos trabalhadores industriais perderam seus empregos em função dos produtos importados que invadiram o mercado de consumo. Não apenas o setor de serviços se expandiu, como também muitos trabalhadores foram obrigados a passar para o setor informal. Subseqüentemente, o desemprego cresceu de maneira dramática. (ibidem, p.5)

Há de se considerar, portanto, que além do crescimento do desemprego, aumentou o número de trabalhadores temporários ou eventuais, como também houve um aumento considerável da terceirização da mão-de-obra e da chamada economia informal. Com tudo isso, a exclusão social do potencial produtivo da população não está atingindo somente os miseráveis, mas pessoas da classe média baixa, esta mesma classe que conseguiu um salto na qualidade de vida e que daqui por diante dificilmente conseguirá galgar degraus na escala de mobilidade social, manter o mesmo nível de vida e padrão de consumo.

Como é sabido, contingentes cada vez maiores dos setores pauperizados da população vêm sendo vítimas da exclusão social. Esta obedece a um ciclo perverso de violências: começa com a expulsão das pessoas do campo (o conhecido fenômeno do êxodo rural), que passam a viver espremidas na periferia de cidades grandes e de médio porte, sem nenhum planejamento urbano, amontoando-se em habitações coletivas, nos cortiços ou formando favelas desprovidas de saneamento básico, de serviços sociais e de atendimento à saúde etc.

Levantamento realizado em Marília no período de 1996 a 1999 revelou a existência de dezenove núcleos de favelas na cidade, que abrigam pouco mais de cinco mil pessoas, sendo 53% delas crianças e adolescentes de 0 a 18 anos. As famílias residentes nesses núcleos são formadas, em média, por quatro pessoas, e embora não se disponha de informações mais aprofundadas sobre a situação de emprego dessa população o referido levantamento apurou que apenas 24,23% trabalham.[8]

Foto: Elomar, 14.

"Mulher com o carrinho. Ela cata papel."

Como não se trata de pessoas com qualificação para o trabalho, os homens em geral acabam conseguindo serviço na construção civil, enquanto as mulheres se ajeitam como faxineiras e as crianças são obrigadas a sair pelas ruas, seja para mendigar seja trabalhar como engraxate, vendedor ambulante, para ajudar nas despesas da família.

É, pois, um fato incontestável, e diversas pesquisas têm comprovado que "a motivação econômica, embora não exclusiva, tem sido o fator preponderante na saída das crianças para as ruas" (Graciani, 1997, p.138). Elas têm de lutar por sua subsistência e pela sobrevivência de sua família, por meio de formas lícitas ou não, fazendo papéis de *aviões*, como são chamadas as que passam drogas, e não raras vezes forçadas a participar de roubos, já que a responsabilidade penal só ocorre depois dos 18 anos.

---

8 Dados de uma pesquisa em andamento, coordenada por Edemir de Carvalho (UNESP-Marília).

Passaremos a relatar, a seguir, o caso da família de Berenice, 36 anos, moradora de uma das favelas da zona norte de Marília, junto com seus oito filhos, três dos quais arrimam o orçamento familiar trabalhando como engraxates ou "olhando" carros nas ruas. Os depoimentos dessa família, onde os filhos têm trabalho e a mãe não, são significativos, a nosso ver, não apenas por colocar em cena a miséria econômica, mas porque nos permitem perceber uma rede de significados psicológicos que une mãe, filhos, cidadãos bem-intencionados e órgãos defensores das crianças, que acabam por fazer perdurar a trama perversa que aprisiona o menino na rua, em seu lugar de provedor da subsistência familiar, anos a fio.

Berenice mora em um dos inúmeros cortiços ou ruelas que formam uma das favelas existentes em Marília. São ruelas que saem de uma rua principal, e que têm codinomes: corredor da morte, corredor da pingada etc. Ela mora ao lado da casa da mãe, há nove anos, embora seu sonho seja conseguir uma casa popular. Para seu sonho virar realidade é necessário trabalhar com registro em carteira e Berenice não tem, ela sempre trabalhou fazendo faxinas domésticas, "mas faz tempo, também, que não aparece serviço".

Berenice divide seu barraco de dois cômodos com os filhos, de idades entre 4 e 17 anos. Temporariamente abriga no barraco, também, um de seus dois irmãos, pedreiro desempregado, que "não se entende com o padrasto". Ela nos contou que já viveu com três maridos, e não recebe pensão de nenhum, porque "se pedir, sei que dá briga, eles não têm onde cair morto".

A renda aproximada da família, segundo Berenice, é de trezentos reais. A filha mais velha ganha cem, empregada "em casa de família" – curiosa nomenclatura discricionária do seu próprio modo de viver –, mas os maiores proventos vêm da rua, com o trabalho de Bela, 15 anos, Belmiro, 13, e Daniel, 9, que sustentam a família engraxando sapatos e "olhando" carros estacionados, nos finais de semana.

Em meio à entrevista, Berenice mostrou-se preocupada com a exploração do trabalho dos filhos, inclusive porque já foi advertida pelo Conselho Tutelar. Disse-nos ter medo, "porque já tive que assinar um papel, dizendo que se pegar [sic] outra vez os meninos na rua, olhando carro, vão me levar na polícia".

Entretanto, pareceu-nos haver um certo "fechar de olhos" das autoridades e dos próprios clientes, a maioria advogados, para o trabalho que os filhos de Berenice exercem como engraxates. Será porque as crianças que pedem dinheiro nos cruzamentos das ruas principais da cidade ou cuidam dos carros estacionados nos shoppings dão maior visibilidade ao problema da exploração infantil, que se tenta a todo custo negar ou esconder? Será que também não contribui para a permanência desses meninos nas ruas o fato de subsistir no imaginário social o pensamento de que ser engraxate é um trabalho honesto e dignificante para quem é pobre? De que adianta amedrontar ou imputar a culpa somente à mãe, se sabemos que os clientes dos engraxates, a omissão do Estado e da sociedade em prover políticas públicas que garantam a todos os direitos humanos fundamentais são faces do mesmo crime que se comete contra esses meninos?

Globalização e construção da subjetividade

Dentro desse cenário perverso de exclusão social, cabe pensar mais pormenorizadamente sobre os efeitos da globalização econômica – o mais recente avatar do capitalismo no mundo contemporâneo – nos processos subjetivos e na formação moral das crianças e dos adolescentes.

Hoje, não há como negar que estamos diante de um processo mundial crescente de relações político-econômicas que visa transpor cada vez mais os limites territoriais das nações, uniformizando mercados, moedas, agrupando países em blocos.

A globalização é um dado implacável da realidade, tanto nos países de centro como nos periféricos, queiramos ou não. Um processo irreversível, que na avaliação de especialistas traz prejuízos, mas também ganhos inegáveis, pela idéia subjacente de ruptura de fronteiras e intercâmbios entre culturas e pessoas, cujo exemplo mais visível é a popularização da comunicação via Internet. Talvez os princípios da globalização, em certo sentido, possam confluir com uma perspectiva de busca de soluções aos problemas humanos; não quer dizer, entretanto, e isso parece ser consensual entre diversos especialistas, que o mito da economia globalizada não deva ser questionado, e a análise das contradições de sua emergência na sociedade contemporânea, aprofundada.

Conforme ressalta Luís Eduardo Wanderley (1997, p.7), educador e cientista social brasileiro, "a mundialização da economia expressa decisões políticas assumidas em razão de interesses de grupos e países com poder de âmbito internacional". Na mesma linha crítica, no fim dos anos 1980, Chomsky (1996), reconhecido pensador contemporâneo, já advertia, em suas palestras pelo território europeu, que a fatídica globalização não escondia as reais aspirações de sua emergência nos países ricos: menor custo e maior lucro, com mão-de-obra barata nos países pobres.

Foto: Gil, 15.

"Gente sem serviço jogando baralho."

Há quem postule, como coloca Wanderley (1997), que a imposição do poder globalizado poderá provocar movimentos nacionais de resistência, ressurgindo propostas alternativas de gestão governamental ou novas políticas públicas de âmbito localizado. Porém, adotando um ponto de vista mais cético, o próprio autor parece colocar em dúvida a capacidade de organização da sociedade. É possível que o efeito mais provável da globalização seja mesmo o de uma concorrência/disputa econômica perversa, visando apenas a produtividade, ao menor preço possível, reforçando ainda mais a competitividade humana e o uso das pessoas como objetos de fácil reposição. Já vimos assistindo a uma corrida econômica suicida, pautada na especialização cada vez maior, na terceirização, e conseqüente utilização da mão-de-obra feminina, sem os benefícios sociais devidos e, também, assistimos impotentes à exploração do trabalho humano e da mão-de-obra infantil. Ou seja, vivemos um momento histórico em que se rompeu o pacto social (o direito ao trabalho, por exemplo), e isso faz que, conforme ressalta o psicanalista Hélio Pellegrino, "se rompa o pacto edípico, isto é, a autoridade, a norma, a lei internalizada" (apud Bock & Furtado, 1996, p.95).

Parece-nos, pois, fundamental que se reflita, para além dos efeitos econômicos, o impacto dessa nova ordem de mundialização do capital nas relações que se estabelecem no nível dos agrupamentos sociais e nas subjetividades.

Cabe assinalar que a produção de ensaios teóricos ou reflexões no campo da psicologia e psicanálise a respeito desse assunto é ainda limitada. Destacam-se, entre outros, as contribuições de Birman (1999); Calligaris (1992; 1996) e Goldenberg (1997), que reuniu em uma só publicação significativas incursões de filósofos, psicanalistas e jornalistas sobre o assunto em pauta. Focalizando, particularmente, os efeitos da globalização na subjetividade de crianças asiladas em orfanatos ou em situação de risco social, registra-se a contribuição do psicólogo Justo (Justo et al., 1997) e alguns ensaios de educadores e psicanalistas compilados por Levisky (1998).

Importa reconhecer, como já foi destacado, que a globalização é um fenômeno irreversível, não adianta demonizá-la; ao contrário, como observa Wanderley (1997), é melhor pensar nas contradições do processo, assinalando o que há de negativo, e eventualmente positivo, em sua emergência no cenário político-cultural contemporâneo.

Vale mais uma vez enfatizar que, do ponto de vista da ruptura de fronteiras na comunicação entre povos e culturas, os ganhos decorrentes da nova ordem globalizada parecem importantes e, talvez, seus efeitos possam ser sentidos na abertura a novas formas de relacionamento interpessoal e trocas afetivas, facilitadas pelo *contágio* do encurtamento virtual de distâncias. Até mesmo a saída de casa, por parte de alguns meninos e meninas, para trabalhar ou viver nas ruas, poderia ser vista pelo prisma reativo de querer mais contatos e maior comunicação.

Entretanto, há principalmente que sublinhar possíveis efeitos da sociedade global contemporânea, pouco favoráveis à emergência de uma economia afetiva e de relações humanas pautadas em valores mais solidários e não capitalistas, visto que também estas passam a ser reguladas pela máxima economicamente prevalecente do "maior lucro a menor custo". Ou seja, a nova ordem global da economia pode também gerar uma certa economia de relações afetivas pautadas na ruptura de fronteiras e na maximização lucrativa. Nessa perspectiva de análise, poderia ser compreendida a ânsia dos meninos Raimundo e Talião, cujos casos foram objeto de análise anterior, por estabelecer relações afetivas voláteis, sem pretensão de se fixar em algum porto seguro – família, escola, CPC – ou manter estabilidade em seus relacionamentos pessoais.

Para compreender melhor o horizonte desta análise pautada nos efeitos deletérios da globalização, também para a economia afetiva dos excluídos sociais, deve-se levar em conta que o princípio do qual a globalização se vale é a transferência da atividade econômica para aqueles países em que ela seja mais rentável, ou seja, onde prevaleça a equação: baixo custo da produção mais mão-de-obra barata é igual a maior lucro. Acrescente-se, ainda, que para o capital global interessa muito mais o trabalhador *freelance* e a terceirização econômica, como formas de majorar lucros, reduzindo-se os vínculos empregatícios, desempregando sobretudo mulheres e aumentando o trabalho infantil. Essa é a cruel realidade mostrada pela situação de Berenice, desempregada, e de seus filhos engraxates, conforme expusemos anteriormente.

A nova ordem econômica dos afetos, consonante com esses princípios da globalização, pressupõe uma certa volatilidade afetiva e estabelecimento de vínculos pessoais pouco estáveis e não duradouros. Esse aspecto foi particularmente destacado por Justo (Justo et al., 1997), com respeito às relações amorosas dos jovens, atualmente, justificando o porquê da preferência lucrativa deles em querer apenas *ficar*, sem estabelecer nenhum compromisso ou vínculo afetivo estável, subentendidos no *namorar*.

Analisando-se a economia afetiva à luz de teorizações psicanalíticas, poder-se-ia dizer que a máxima globalizada que pede "maior lucro, baixo custo" induz as pessoas, de todas as idades, a se fixar no primado do *princípio do prazer*, com grande prejuízo para o desenvolvimento do equilíbrio emocional, que necessita ser também balizado pelo *princípio da realidade*. Aquele, ou seja, o princípio do prazer – que é próprio do modo de funcionamento mental das crianças de pouca idade –, pode ser definido pelas seguintes características: busca de satisfação imediata, baixa tolerância às frustrações, submissão à lei do menor custo econômico de energia afetiva e mínimo esforço psíquico, onipotência de pensamento e negação da realidade.

O que nos parece importante destacar, do ponto de vista dos perversos efeitos da globalização na economia dos afetos e, por conseguinte, nos processos subjetivos, é o risco cada vez maior de as pessoas se deixarem seduzir pela ilusão de potência, vendida pela sociedade global, o que contribui para escamotear o cotidiano vivido, impedindo que as pessoas *caiam na real* e tentem transformar a realidade. Ao trazer a idéia de rompimento de todas as fronteiras e de uma nova ordem econômica pautada na igualdade de oportunidades para todos, a globalização ilude principalmente as pessoas mais violentadas socioeconomicamente, no sentido de estas acharem que, agora, elas podem tudo. E tudo não passa de uma grande ilusão.

A sociedade global vende às crianças e adolescentes em processo de formação de valores, e os mais afetados são os pobres, pseudo-oportunidades de futuro melhor, de trabalho, *saídas para qualquer parte* (como reivindica uma letra de música dos Titãs), quando sabemos que tais oportunidades e saídas não estão sendo proporcionadas. Os programas de qualificação profissional e colocação no mercado de trabalho, por meio de bolsas-aprendizagem, que atuam como antídoto à carreira do adolescente nas ruas, praticamente inexistem ou são iniciativas tímidas do poder público, sem a devida co-responsabilidade de setores organizados da sociedade civil e da classe empresarial.

A ilusão de mobilidade social e de possível ruptura de fronteiras (econômicas, espaciais, culturais, afetivas), vendidas pela sociedade globalizada, acabam arrancando os adolescentes do bairro em que vivem, dos amigos, do suporte comunitário e familiar, de seus valores culturais específicos, que são referências indispensáveis a uma subjetividade construída em bases seguras.

Por esse prisma, parece válido supor que, se uma dada criança ou adolescente não se relacionar bem com as pessoas com as quais vive em sua casa, ou diante de qualquer estremecimento nas relações ou perante a menor frustração, tenderá a sair às ruas em busca de outro lugar e de outras relações pessoais que lhe tragam mais vantagens e mais lucros: imediatez de gratificação com mínimo esforço. O mesmo pode valer para os adultos: se a fome bate à porta, é mais fácil e lucrativo colocar as crianças na rua para trabalhar ou mendigar, e continuar desempregado.

A baixa resistência à frustração parece ter influenciado a saída de Gil, 15 anos, para as ruas: ele freqüenta a Casa do Pequeno Cidadão há três anos, mas já morou mais de um ano na rua e sobrevivia recolhendo papelão. Sua justificativa para ter vivido na rua é simples: "minha mãe me dava muita chateada", justificativa que se repete nas falas de outros adolescentes quando abordados pelos educadores, nas ruas, como salientou indignada uma educadora: "Eu não me conformo quando um menino me diz que fica na rua porque gosta" (Entrevista 4).

O relacionamento superficial de Gil com os colegas na CPC, sua falta de esforço para participar das atividades propostas, segundo a queixa das educadoras, estão em sintonia com uma economia afetiva retroalimentada pelo *princípio do prazer*, contrário à elaboração do pensamento reflexivo, conforme já se enfatizou. Ou seja, uma economia afetiva que corresponde a um modo de funcionamento mental pautado na satisfação "aqui, agora", no pensamento mágico, sem mediação da realidade simbólica, o que implicaria adiamento de ações impulsivas, na tolerância às frustrações etc.

Foto: Elomar, 14.

"Eu quis mostrar gente comendo na marmita."

Na sociedade global, as relações humanas (baseadas no maior lucro ao menor esforço) também correm o risco de se tornarem superficiais e facilmente descartáveis, com prejuízo para relacionamentos pessoais mais duradouros (Justo et al., 1997, p.53); o outro da relação pode ser visto apenas como objeto que serve de descarga imediata para impulsos libidinais ou agressivos, daí a explosão fácil de atos de violência ou ameaças. Esse parece ser o caso do adolescente Raimundo, reportado anteriormente, que leva consigo uma faca para ostentar valentia. Adotada a ética do "posso tudo" e não havendo lugar para colocação de limites à sua onipotência infantil e ao seu modo preponderante de funcionamento psíquico baseado no princípio do prazer, ele se julga *dono do mundo*.

Enfim, a hipótese interpretativa que se está levantando aqui é a de que atitudes onipotentes de meninos como Gil – que se recusa a participar das atividades propostas na CPC –, ou Raimundo e Talião – que se sentem poderosos e permanecem nas ruas, a despeito dos esforços dos educadores em tirá-los delas – devem também ser vistas como respostas adaptadas aos ditames da sociedade global, pois enquanto os filhos de classe média têm assegurada uma variedade de canais de socialização fora da família, para aprenderem a domar sua onipotência e atos violentos, balizando a construção de suas subjetividades no princípio da realidade, Gil, Raimundo e Talião, adolescentes pobres e desiludidos com o que seus pais e a sociedade possam lhes dar em termos de conforto ou aprendizado, buscam as ruas na expectativa de satisfazer suas necessidades de consumo, de educação e também afetivas.

A trajetória de Bela, 15, a menina engraxate referida anteriormente, é exemplar da perversidade dos mecanismos da sociedade global em que vivemos, exploradora da mão-de-obra infantil, que empurra as crianças despossuídas socialmente para as ruas em busca de valorização pessoal e atividades mais lucrativas, tanto do ponto de vista econômico, como afetivo, ou seja, que possam render-lhes algum dinheiro e melhorar sua auto-estima.

A vida de Bela nas ruas começou há seis anos, quando levou o irmão Belmiro, então com 7 anos, ao centro de Marília para ele aprender a andar e a se virar sozinho. Foi quando um homem, que ela diz conhecer até hoje, perguntou-lhe se não queria trabalhar como engraxate. Hoje, já com 15 anos completados em dezembro de 2000, a doce e meiga Bela fala orgulhosa de suas quatro caixas de engraxar, que ela deixa no centro da cidade, em lugares próximos aos seus locais de trabalho.

Indagada sobre possíveis constrangimentos ou humilhações que já tivesse passado nas ruas, Bela respondeu:

> Ninguém mexe comigo. Eles fala: É muito bonito, eu admiro. É porque eu sou a única menina que engraxa aqui em Marília. Eles me dão conselho e até dão umas gorjeta melhor pra mim ... De primeiro, eu ganhava vinte, trinta, agora só tiro uns cinco [reais] por dia ... As pessoa tão usando mais tênis, hoje.

Bela e Belmiro alternam os dias em que saem para engraxar sapatos. Não trabalham na rua, mas dentro de escritórios, imobiliárias, repartições públicas e seus clientes são principalmente advogados. Os irmãos dividem a clientela: Belmiro tem muitos "amigos" – a forma como se refere aos clientes – comerciantes, empresários, e freqüenta grandes imobiliárias ou prédios com grande afluxo de pessoas, enquanto Bela se limita a freqüentar lugares onde "não tem muito homem", preferindo os escritórios particulares de advocacia.

Há outro detalhe significativo que os diferencia, que diz respeito à forma como se apresentam nos locais onde trabalham: o menino leva os apetrechos de que precisa para engraxar "escondidos" em uma puída mochila de escola, já a menina não parece pretender esconder-se do estigma de criança explorada e trabalha munida da caixa de engraxate. Essa diversidade também acaba determinando jeitos diferentes, entre eles, no modo de engraxar, pois Belmiro engraxa o sapato fora do pé do cliente, segurando-o em suas mãos; Bela coloca o pé do cliente no suporte apropriado da caixa de engraxate, protege a meia com uma tira de garrafa plástica para não sujar, e engraxa o sapato "com cuidado, não pode pôr muita graxa, senão não dá brilho", o que nos leva a cogitar que se trata de uma questão de gênero adaptada à exploração do trabalho exercido, pois a doce e cuidadosa Bela fica literalmente aos *pés do homem*, enquanto engraxa os sapatos.

Embora Bela tenha dito que não se envergonha do que faz, sua carreira de engraxate está prestes a ser encerrada, pois disse que irá estudar à noite e começar a trabalhar em um restaurante, entregando "marmitex", das 11 às 15 horas, e ganhará setenta reais por mês. O novo trabalho tem o beneplácito de Berenice, a mãe, que justifica: "Ela tá ficando grande, se passa uma amiga e ela tá engraxando, é chato; mas Belmiro vai continuá, até crescer um pouco mais e arranjá coisa melhor". E Belmiro, pelo que pude constatar, já leva consigo para as ruas o irmão Daniel, de 9 anos, no intuito de fazê-lo sucessor de Bela, dividindo com ele o suado ofício de engraxate e o papel de arrimo da família.

De segunda a sexta-feira, Belmiro engraxa sapatos e ganha em média cinco reais ao dia; nos finais de semana, Belmiro e Daniel complementam a renda "olhando" carros no estacionamento de um shopping da cidade e ganham, respectivamente cinco e nove reais/dia. Aí é Daniel, por ser mais franzino e ter menos idade, que ensina o outro irmão a levar vantagem na exploração da qual são vítimas.

Infância negada

Bela, Belmiro e Daniel são algumas das milhares de vítimas da infância negada neste país; crianças que, em vez de brincar, como gostariam de fazer, têm a responsabilidade precoce do trabalho. O descontentamento de Belmiro, 13, por trabalhar como engraxate há sete anos, é franco: "Se minha mãe arrumasse emprego, eu é que ia tomar conta dos meus irmãos, ia ficar em casa e também brincar com eles".

Do ponto de vista do desenvolvimento psicológico e do processo de construção da identidade, sabe-se da importância que têm as brincadeiras infantis, pelas quais a criança vai elaborando a dor do crescimento, das perdas afetivas, desenvolvendo sua imaginação e capacidade de resolver criativamente os problemas que a vida vai-lhe colocando.

Foto: Cido, 12.

"Ele trabalha de engraxate."

O exercício do brincar espontâneo e do devaneio são extremamente necessários na trajetória da infância; tanto Freud (1911) como Piaget (1961) consideram a imaginação infantil como precursora do pensamento propriamente reflexivo ou simbólico. Winnicott (1982), estudioso das relações entre o brincar e a realidade – título de um de seus livros – também confere especial atenção às brincadeiras, na infância, alertando que "uma das características da criança anti-social está baseada no fato de não haver em sua personalidade nenhuma área para o brincar: esta é substituída pela atuação" (Winnicott, 1982, p.52).

À luz dessas considerações de importantes estudiosos da infância, cabe pensar na cifra de aproximadamente sete milhões de crianças que estão trabalhando no Brasil[9] (apud Bierrenback, 1998) e reconhecer que estamos roubando delas o direito de brincar, garantido com o advento da modernidade e regulamentado em nosso país com a promulgação do Estatuto da Criança e do Adolescente, em 1990. Mas de que adianta uma lei, se o desemprego grassa à solta e o trabalho infantil tem se tornado a moeda corrente para a família sobreviver? Por que o interesse econômico continua sobrepujando o social e não há investimentos substantivos em projetos de bolsa-escola ou programas de complemento da renda mínima?

Em suma, estamos retrocedendo historicamente a séculos passados, tomando as crianças como adultos em miniatura, explorando-as no trabalho e não permitindo a elas desenvolverem sua imaginação e potencial criativo durante a infância – que deveria ser, por excelência, o tempo de brincar – tão necessário para, posteriormente, enquanto trabalhadores adultos, conseguirem se adaptar às velozes mudanças e aos avanços tecnológicos da sociedade global. Lembremos a advertência de Mautner (1992), ao suspeitar que facilitadores ambientais fora do tempo certo, o da infância, pouco benefício trarão ao desenvolvimento da responsabilidade social e consciência cidadã dos indivíduos.

Muitas crianças trabalham duro em suas próprias casas – e estas não entram nas estatísticas da exploração infantil – tomando conta dos irmãos menores, lavando, cozinhando etc. Em uma publicação recente (Justo, 2000), registramos, com indignação, o depoi-

---

9 Dados divulgados pela OIT indicam uma diminuição do trabalho infantil nos últimos anos: de 1992 a 1998, o número de crianças e adolescentes de 5 a 17 anos que trabalham foi reduzido em 20%, passando de 9,7 milhões para 7,7 milhões; entretanto, a cifra é ainda considerada alarmante (*Folha de S.Paulo*, 8.2.2000, Caderno AgroFolha, p.6-4).

mento de uma menina de apenas 8 anos que estava faltando muito à escola por necessitar cuidar da casa e fazer comida para o pai; não se sabe até que ponto, além do desinteresse nos assuntos escolares, essa perversa situação de ser colocada indevidamente no lugar de mãe dos irmãos e, de certa forma, de esposa do pai, também não perturba o processo de elaboração das fantasias edipianas.

Relacionada, ainda, a essa violência da exploração do trabalho infantil, ressalte-se a violência da falta de modelos de identificação, no sentido psicológico, que ocorre dentro das famílias marcadas por pais desempregados, ou ganhando de maneira insuficiente para satisfazer as necessidades mínimas de sobrevivência.

O que se está pretendendo dizer é que pouco provavelmente uma criança desejará identificar-se com pais que a seus olhos fracassaram socialmente, estão desempregados ou não estão conseguindo atender às mínimas demandas de consumo da família. Essa é uma violência crucial que se comete contra as crianças trabalhadoras, gerada por um modelo político-econômico perverso, que impede essas crianças de verem seus pais como mitos a quem desejam imitar, posto que elas não se dão conta da complexidade dos fatores envolvidos nestas suas *vidas severinas* e podem culpar os próprios pais pelo fato de estarem desempregados (ou se autoculparem) e precisarem das mãos de todos para saciar a fome da família.

Indubitavelmente, os prejuízos da infância negada a essas crianças (exploradas no trabalho, obrigadas a ajudar no orçamento das famílias e impedidas de verem em seus pais exemplos de vida digna) serão incomensuráveis no futuro e pagos com o despreparo para chegarem à vida adulta como pessoas responsáveis, criativas e, sobretudo, confiantes de que o esforço individual, o sacrifício de ir à escola "chata", a conduta idônea, o respeito ao outro sejam atitudes que valem a pena para se ter uma vida digna.

Por tudo isso, parece justificável que uma criança queira sair às ruas para nelas trabalhar ou viver, em busca de outros ídolos com os quais deseje se identificar, fora de sua família. Ídolos que podem ser os advogados ou empresários de sucesso, como são os clientes do engraxate Belmiro, mas que não raras vezes podem ser pessoas que atuam no narcotráfico, no mundo da contravenção e do crime organizado, pois são esses antimodelos que mais facilmente emergem nas camadas pauperizadas da população, *dão certo na vida* e conseguem mobilidade social.

Como observou o filósofo Giles Deleuze (1991) sobre as relações público-privado na era pós moderna, hoje o controle social exercido sobre a subjetividade deslocou-se da família e dos espaços fechados para a transparência pública dos espaços abertos. Assim sendo, não nos surpreendamos com o fato de as crianças e adolescentes perambularem pela rua e preferirem esta à casa ou ao círculo restrito do bairro, pois não estão fazendo outra coisa senão obedecer inconscientemente à nova ordem de controle social: sem fronteiras, sem intimidade, sem vergonha, sem segredo; enfim, talvez sem sujeitos.

VIOLÊNCIA DA SOCIEDADE NARCISISTA: CONSUMO E EXIBICIONISMO

A violência é atualmente parte do cotidiano dos brasileiros. Está nas ruas, e também alimenta diariamente a mídia, virando notícia nos jornais e diversos programas *trash* de tevê que lucram com a naturalização da violência e a banalização da miséria humana, econômica, cultural ou psicológica. Esse quadro de violência somado à ênfase no consumo e no exibicionismo, que fazem a *sociedade do espetáculo* contemporânea, exigem que se aprofunde a reflexão sobre suas repercussões na subjetividade das crianças e adolescentes de hoje, que se pense na sociedade que estamos oferecendo a eles e em nosso papel de educadores, na qualidade de adultos responsáveis pelos valores, sonhos e atitudes das gerações em formação.

Percebe-se que a família está fragilizada e não está conseguindo cumprir sua função educativa, diante da concorrência desleal das babás eletrônicas de plantão, ou seja, da tevê e de sua *partner* mais importante, o computador. As crianças e também os pais estão desorientados, dada a velocidade com que se processam hoje as mudanças culturais e os avanços tecnológicos; os adultos parecem não saber colocar limites sobre horários e programas de tevê que as crianças devem assistir, e estas, tiranicamente, sentem-se como se estivessem gozando uma vida *in utero*, exigindo que todas as suas vontades sejam satisfeitas, aqui e agora (Calligaris, 1996, p.21).

Estamos vivendo, não só nos grandes centros urbanos, um estado de tensão permanente que pode levar as pessoas a condutas impulsivas ou a reações de indiferença em relação ao que vivem. As conseqüências que ambas as atitudes podem provocar no desenvolvimento da cultura, fermentando toda sorte de intolerância, fanatismos religiosos e políticos, há muito tempo foram sublinhadas por Freud. Em seu ensaio *O mal-estar na civilização* (Freud, 1975), este memorável pensador da cultura de seu tempo já assinalava que o indivíduo, sob excessiva frustração de seus desejos, poderia ficar aprisionado a um mórbido estado de passividade e submissão às condições dadas, e insistia na necessidade fundamental de o indivíduo descarregar suas tensões, orientado pela busca do prazer e pela manutenção de um equilíbrio interno.

O estado de insatisfação e mal-estar social a que chegamos exige que todos se sintam co-responsáveis pelos rumos que a cultura da violência vem tomando e se organizem em defesa da valorização e do respeito ao outro, em defesa de maior tolerância às diferenças étnicas, culturais, sexuais, grupais etc.

Porém, a sociedade parece sofrer de uma certa letargia defensiva, ou seja, estamos *paralisados no horror*, conforme sublinhou a psicanalista Mautner (1992), cegos, surdos e mudos, nada fazendo para tentar reverter a situação. Somos educadores que reproduzimos em sala de aula o lixo cultural de alguns programas de televisão, sem contraprospostas; adultos que, nos semáforos, fechamos os vidros para não sermos molestados pelas crianças que vendem ou nos pedem algo, pais que deixam os filhos assistindo à televisão, em companhia de Ratinhos de cassetete, Leões que rugem e Tiazinhas dissimuladas com chicote na mão.

Há um grande sentimento de insegurança e impotência na geração adulta, ressaltam inúmeros analistas do mal-estar contemporâneo, diante dos impasses na educação (conforme, por exemplo, Levisky, 1998). Os pais não sabem como proceder, atropelados que estão com o excesso de informações e com a necessidade de darem respostas rápidas aos complexos problemas da sociedade tecnológica; a demanda de consumo, propalada de forma gritante na mídia, é atendida sem demora pelos pais e educadores, que dão tudo o que os filhos pedem ou querem, em troca de sossego. Sob a égide do *tudo vale, tudo pode*, as gerações novas vão crescendo sem desenvolver o gosto pelo esforço da conquista de algo que se deseja, quando se sabe que a conquista requer luta; enfim, os efeitos dessa complacência silenciosa dos adultos ao consumismo e aos desmandos das crianças e adolescentes são certamente desastrosos ao seu desenvolvimento psicossocial.

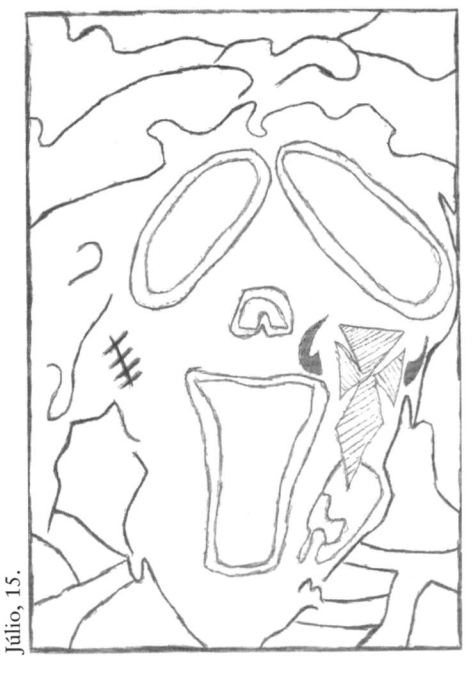

Júlio, 15.

(Personagem do filme "Pânico"). Desenho espontâneo feito na oficina "Raio X".

É possível a uma criança que tem a ilusão de que tudo está ao seu alcance para consumir, aprender a desejar? Essa questão é respondida negativamente por reconhecidos psicanalistas e pensadores da cultura brasileira contemporânea, como Calligaris (1992) e Mezan (apud Levisky, 1998). Ambos afirmam que a interdição paterna, a coerção, a frustração são indispensáveis para que se formule o desejo (em última instância, o de ser alguém digno) na criança; "e quem não sabe reprimir, também não consegue reconhecer um lugar e uma dignidade simbólicos" (Calligaris, p.46). Assinalando a importância do "gosto pelo esforço" na educação infantil, Calligaris afirma que o mesmo

> vale como princípio pedagógico, num quadro simbólico claramente organizado ao redor de um impossível interditado: o gozo do corpo materno (ao qual toda criança aspira, mas tem que renunciar para que encontre seu lugar de filho). E a excelência de uma vida, complementa o autor, é relativa à nobreza dos esforços: ser alguém, ou seja, um filho digno, é se distinguir no esforço, não é alcançar. (ibidem, p. 47)

Na mesma linha argumentativa, em se tratando da socialização infantil, Mezan alerta para o fato de ser

> a coerção necessária, ao menos numa certa intensidade – suficiente para impedir o desregramento, mas não tão implacável ao ponto de tornar mutiladora. Este elemento está relacionado ao papel educativo da frustração, dimensão que parece se opor à idéia de felicidade como estado de gozo sem conflitos. (apud Levisky, 1998, p.37)

Decorre das considerações feitas a advertência de que vivemos submetidos à ética consumista, pautada na busca do gozo ilimitado, amarrados ao aqui e agora, e nossos horizontes de preocupação não passam do limite do próprio umbigo; isso significa fixação aos estágios primevos do desenvolvimento ou regressão ao infantilismo, ou seja, guiamos nossas ações pela busca narcísica de satisfação imediata – tal qual um bebê à procura do seio. Como bem avalia Ranna, "vivemos uma hegemonia da ação sobre a reflexão, a velocidade das satisfações eliminaram a vivência da 'falta', quando sabe-se que é a falta (necessidade) que impele o sujeito a desejar, a preencher a falta, indo ao encontro do real" (apud Levisky, 1998, p.92).

O consumo massificante veiculado nas mídias e reproduzido no cotidiano é o regulador dessa atual "cultura do narcisismo", caracterizada pelo psicanalista Jurandir Freire Costa (1989) como "tempos sombrios". Uma cultura que vive de aparências em sombras de

Narciso, em que nossa significação particular é decidida pelos objetos que consumimos, assim como pelas imagens ideais com as quais
tentamos nos parecer. Não é por acaso que o sonho de Camila, 12,
como o de tantas adolescentes hoje, "é ser modelo", que Amanda,
12, queira ser cantora, assim como Gil, 15, Dioniso, 11, e outros
que entrevistamos (ver "Tabela de respostas" da oficina "Raio X").
É que todos estamos sob a égide do "Narcísico mundo novo",
título de uma das crônicas de Calligaris (1996), na qual tenta analisar a constituição do sujeito contemporâneo. Resumidamente,
com base nesse autor, pode-se dizer que o sujeito se constitui por
dois caminhos, a saber: de um lado, identifica-se aos valores, tra-
dições, que recebe de sua cultura, grupo, família etc., que são as
identificações simbólicas; de outro, esforça-se por responder à
imagem que poderia satisfazer primeiro a seus pais, depois aos
outros sociais do seu convívio mais amplo. O caminho mais escolhido não é, obviamente, o das identificações simbólicas, pois o
homem contemporâneo é narcísico, vive de imagens; nessa perspectiva, Calligaris propõe e analisa algumas prerrogativas do que
seria uma sociedade onde qualquer referência fosse imaginária e
não simbólica:

> A toxicomania surgirá como sintoma social, pois a droga, equi-
> valente geral dos objetos, poderá aparecer como a única resposta
> real (não imaginária) ao anseio (imaginário) de felicidade ... a procu-
> ra de um fundamento levará as pessoas a se agarrarem em identida-
> des imaginárias ... As possibilidades de diálogo, negociação e conci-
> liação entre identidades diferentes serão difíceis, pois, à diferença
> dos valores simbólicos, as imagens narcísicas – embora substituíveis
> – são, uma vez assumidas, compactas e inalteráveis. (ibidem, p.52)

As conseqüências de tudo isso para o futuro de nossas crianças e das relações humanas não são nada alentadoras e se fazem
sentir nas respostas dos meninos e meninas participantes das oficinas realizadas: na angústia de Dalila, 14, por "ter que ser feliz"; no
conflito de Dioniso, 11, que assumiu como problema atual "a
maconha"; no imediatismo das preocupações de Tom, 14, para
quem "felicidade é estar aqui" e cujo sonho é "crescer rápido" (ver
"Tabela de respostas" da oficina "Raio X"); na vontade "de matar"

de Gil, 15 (embora rabiscada e substituída por "ir um dia em SP", conforme mostra seu protocolo de resposta).

"Se eu fosse um lugar, seria o McDonald's"

A frase acima foi a resposta de Talião na oficina "Se você fosse..." (ver Anexo), uma resposta emblemática do consumismo prevalecente, reiterada também por outros três participantes das oficinas de fotografia, que escolheram registrar o McDonald's como foto-testemunho para guardarem de lembrança.[10]

A influência do imperativo narcisista transpareceu também nos complementos às frases "Se você fosse... um quadro, uma fotografia?", entre os quais apareceram "o meu", "minha fotografia", "eu", "eu porque eu sou bonito", denotando um gesto afirmativo de quem quer ser reconhecido e busca uma identidade pessoal, mesmo sendo vítima da discriminação e colocado à margem da sociedade.

Novamente, nas respostas à frase "Se você fosse... uma pessoa importante?", dois respondentes a completaram com o pronome eu ou com o próprio nome, os demais com nomes como Sandy (2), Ronaldinho (1), Romário (2). Quer dizer, são os atores da televisão e os jogadores de futebol que constituem para a grande maioria desses meninos o repertório de identidades desejáveis, nenhum deles apontou a figura de um professor, de um herói nacional ou de uma liderança política, por exemplo, como "pessoa importante" que gostaria de ser.

A "cultura do narcisismo", expressão que deu nome ao livro do autor norte-americano Lasch (1979), como esta outra, "sociedade do espetáculo", que intitula o livro do francês Debord (1992), compõem a matriz que dá forma às subjetividades no mundo pós-moderno; matriz esta forjada na aparência do reflexo em espelho,

---

10 O McDonald's, em Marília, como acontece na maioria das cidades do interior paulista, é um dos pontos de freqüência restrita à classe média, todavia é *objeto de desejo* de um número expressivo de crianças em situação de rua, que costumam perambular em seu entorno.

em que a "idéia de espetáculo se conjuga com as de exibição e teatralidade ... máscaras mediante as quais as personas se inscrevem e desfilam no cenário social" (Birman, 1999, p.187).

Foto: Dalila, 14.

"É onde eu mais gosto de ir."

     No nível das relações interpessoais, pode-se dizer que o sujeito da cultura do narcisismo e do espetáculo, conforme argumenta Birman, "encara o outro apenas como objeto para seu usufruto ... Na ausência de projetos sociais compartilhados, restam apenas para as subjetividades os pequenos pactos em torno da possibilidade de extração do gozo do corpo do outro, custe o que custar" (ibidem, p.25).

     Na sociedade do espetáculo, vale o individualismo, enquanto a generosidade (ou tendo consciência de que se é parte do gênero humano), bem como a tolerância, o respeito mútuo etc., que definem os princípios do humanismo e da sociedade democrática, são valores fora do *script* de relacionamento interpessoal.

Foto: Tom, 13.

"Ele é exibido."

Sob a égide do consumo e do exibicionismo narcisista, parece pouco importar às pessoas o esforço para a conquista de algo desejado ou a construção de um projeto comum. É um *salve-se quem puder* de sujeitos mergulhados na lógica de Narciso, cada um espelhando a própria imagem. Tempos nebulosos do homem e seu duplo – reflexo de corpos sem coração (sentimentos) e mente (reflexão), tempos de pura exterioridade e corpolatria.

Em suma, o que se pretende dizer, tomando de empréstimo estes operadores de leitura *cultura do narcisismo* e *sociedade do espetáculo*, dos autores citados, é que a sociedade contemporânea está iludindo os adolescentes, e os mais afetados são os excluídos sociais, com as idéias de consumo ilimitado (como deseja Talião, ao responder que "seria o McDonald's, se fosse um lugar") e de exibicionismo (como sugerem a autofoto de Tim e a foto de Camila, que deseja ser modelo).

Uma das educadoras sociais entrevistadas referiu-se criticamente a esse chamamento consumista para motivar os meninos a saírem para as ruas: "em casa ele não tem nada, na rua come salgadinho, ganha uma coca..." (Entrevista 4), do qual somos todos cúmplices, pois o apelo consumista e narcísico chega invariavelmente a todos, com ou sem poder de compra, desencadeando um processo social perverso que atinge principalmente essas crianças que vivem em situação de rua. Se saem de suas casas, iludidas com a possível busca de liberdade, vida fácil e sem esforço nas ruas – estudos empíricos realizados por Aptekar (1996) comprovam tal ilusão –, acabam enfrentando uma abismal distância entre o que a sociedade vende em termos de consumo e de imagem (ego ideal) e suas reais possibilidades de obter gratificação (ego real).

A falta de suporte social ao desenvolvimento dos sujeitos participantes da pesquisa foi também evidenciada nas respostas dadas à enquete sobre os programas legais que mais gostam de fazer: entre os treze que responderam à questão, três escolheram futebol, quatro elegeram televisão, dois "ouvir rap", 2 a CPC, um sair, brincar (ver oficina "Raio X").

Foto: Tim, 14.

"Escolhi esta [foto] porque é isto que eu gosto de fazer. Ele me pegou no alto."

Não é difícil compreender que esta contradição insolúvel, entre querer e poder (colocada aos meninos em situação de vulnerabilidade, como Dioniso e a tantos outros na mesma condição), poderá provocar comportamentos sociais reativos: mostrar valentia, fumar maconha etc., que, de certa forma, podem ser interpretados como o outro lado da moeda corrente da sociedade do espetáculo, o exibicionismo do anti-herói. É como se esse menino, exposto à contradição entre a imagem vendida e a que ele tem de si próprio, pensasse: se não dá para exibir o que a sociedade idealiza, ou seja, uma pessoa educada, de família, branca, estudiosa etc., serei o oposto: maconheiro, baderneiro etc.

Essa parece ser também a imagem que Raimundo, conforme analisou-se anteriormente, quer mostrar de si mesmo, no fundo para esconder o medo de sua insegurança e do seu mundo interno frágil. Ou seja, mostrar a aparência de uma pessoa valente, que porta uma faca e não foge de brigas, que gosta de viver perigosamente, desafiando traficantes ou a autoridade etc.; dessa forma, garantirá visibilidade e um lugar notável, mesmo que seja na galeria dos anti-heróis. Raimundo parece cônscio de que talvez seja este o único lugar – o de ser um dos excluídos sociais e figurar na galeria dos anti-heróis – que lhe tenha sido perversamente reservado para fazer jus ao exibicionismo da sociedade do espetáculo, como enfatizou em sua entrevista: "Pra mim não tem lugar nesse mundo não, se não tiver onde dormir, num esquenta, falô, vou dormir no meio do mato".

REPRESENTAÇÕES[11] DOS MENINOS SOBRE SI, FAMÍLIA E SOCIEDADE

A história de Raimundo, que não conheceu o pai (ou a de outros que não vêem o pai há anos) se repete na vida de quase todos os entrevistados. O pai de Elomar suicidou-se, a mãe morreu de infarto meses depois. Adilson não conheceu o pai, que morreu tragicamente em um incêndio ocorrido na empresa onde tra-

---

11 O termo *representações* é aqui tomado para referir-se aos sentimentos e idéias que expressam o conjunto de percepção do sujeito.

balhava, vive com a avó desde que nasceu e sua mãe é andarilha. Apenas Tim, entre os doze entrevistados, vive com o pai e a mãe; três vivem com mãe e padrasto, seis vivem com mãe e irmãos. Talvez essas perdas afetivas, provocadas por morte ou abandono, expliquem a dificuldade de memória dos entrevistados sobre suas relações familiares, provavelmente por tentarem apagar da consciência as dores que viveram.

Pela mesma razão pode ser compreendido o fato de não conseguirem, à exceção de três entrevistados, dar um nome para suas histórias de vida. Iniciávamos o encontro informando ao entrevistado que iríamos conversar um pouco sobre a vida dele, saber das coisas boas e ruins que tinha passado etc. (ver "Roteiro de entrevista" nos Anexos) e, depois de uma breve conversa, perguntávamos: "Se você tivesse que dar um nome à história da sua vida, qual seria?". Alguns respondiam "não sei", às vezes precedido de longa pausa; outros repetiam na resposta o enunciado da pergunta, ou seja, "história da minha vida", e apenas três distinguiram-se dos demais entrevistados em suas respostas: Cido, 12, Tom, 13, e Dalila, 14, respondendo, respectivamente: "História linda, mas não tanto, porque tenho que tomar conta do meu irmão"; "História triste, porque eu parei de estudar um ano" e "História sem fim", nome este que fora dado por Dalila, sem que a mesma conhecesse o livro ou filme homônimos, mas porque sua "vida nunca foi muito boa, parece que nunca tem fim ... meu pai bebia, batia na minha mãe ... separou, tem vez que a gente passa fome, minha mãe não consegue arrumar serviço". Belmiro, 13, não deu um nome para sua história, justificando que "ela é alegre, triste, bonita, feia, tudo junto; alegre porque tenho minha mãe, feia porque tem muita gente brigando, triste porque tem até morte nos lado que eu moro".

Família é assunto muito importante para eles. Mesmo os quatro entrevistados que nunca saíram às ruas para mendigar ou trabalhar consideram a família o principal agente mobilizador da saída de crianças de suas casas para a rua. Ao lado da família, também "a falta de religião" foi apontada como fator desencadeante desse problema por dois entrevistados: Daniel, 9 (guardador de carros), e Adilson, 15 (que freqüenta atualmente a CPC, mas já trabalhou como pedreiro).[12] Quanto aos sonhos profissionais, dois não sabem ainda o que desejam ser; a maioria quer ser jogador de futebol ou cantor, embora outras profissões tenham sido citadas, às vezes de forma conflitante: empresário, advogado, médico e policial. Em relação às perspectivas futuras, para daqui a dez anos, todos idealizam uma vida melhor do que a presente, quer para contrastar com um "passado ruim, de muita briga" (Tom, 13) ou porque "não vai tê cocaína, eles vão morrê tudo" (Cido, 12).

Foto: Amanda, 12.

"Escolhi essa porque ela tá assustada."

Referências à figura paterna foram poucas, talvez porque sejam filhos de muita mãe e pouco pai: entre os doze entrevistados, apenas um mora com pai, mãe e irmãos. As perdas afetivas e o ressentimento que atravessam a vida da maioria foram expressos na letra de um rap, escrito por Gil, 15, e Dioniso, 11, durante uma

---

12 Conforme se pode notar no "Perfil dos entrevistados" no Anexo, oito (entre os doze entrevistados) já viveram nas ruas (ou sobrevivem ainda hoje) pedindo esmolas, trabalhando como: engraxate, guardador de carros, garçom, "calango" (servente de pedreiro) e catador de papel.

das oficinas realizadas. Cabe ressaltar que embora a letra do rap tematize o uso de drogas e a situação de um pai presidiário, ambos os autores não se referiram em suas entrevistas a esse fato como um dado da realidade vivida; sabe-se apenas do problema de Dioniso com o uso de maconha, conforme pode ser observado em seu protocolo de respostas na Oficina "Raio X".

Foto: Cido, 12.

"É onde eu moro."

A letra desse rap escrito pela dupla nos foi apresentada por Gil, e juntamente com ele fizemos uma releitura do texto escrito a fim de que pudéssemos corrigi-lo, pois inúmeros erros de grafia, omissões de palavras etc. acabaram passando despercebidos por Gil, como se pode notar na transcrição literal do manuscrito, feita a seguir.

1 Estou agora na escola. São apenas 10h. O meu
2 pensamento esta na favela. Os irmão estão se
3 acabando no chak na maconha ram.
4 Quando eu chego na minha casa olho

5 na parede o retra[to][13]
6 Do [trecho ilegível] pai que uma hora dessa deve
7 ta pensando no seu filho e na sua mulher
8 No dia das criança eu meu pai fasia
9 uma festa que só rolava Rap. HIP. HOP Mas
10 este dia das criança eu passei um paitio
11 de um presidio. Meu disia [no] dia que eu
12 sai deste lugar nossa vida vai mudar.
13 Vou arrumar um trabalho. Vou comprar
14 uma casa para nos *morrar* não quero
15 que você não entre nas paradas erada
16 que continue a fastado Dasdrogas
17 e das armas este é um coselho de
18 pai para.
19 Como é que andando o movimento do
20 Rap lá da aria como é que andando, o
21 neguinho, o chá Beto e tambem Rafa estão
22 todo em paz esta valendo eu tambem queria
23 estar perto de voseis para o que acontece
24 sobre o dia a dia
25 Varia morte rolou de lá pra cá entre
26 este 5 anos que puchei de detensão não vou
27 querer para você irmão. poriso falo
28 Deixei arma delado e todas aquela
29 treta não se ilude comesta letra [não]
30 use droga. Só seja mais um rapaz comum.
31 Mas no dia da rebelião o meu pai esta no
32 meio elevou uma rachada nas costa pai
33 seja [*leu esteja*] onde estiver esteja com Deus.
34 esta letra eu mando
35 para os filho que perderam seu pais
36 e os pais que perderam os seus filho
37 Não caia nesta vida por que as Drogas
38 mata falo!
39 Paz interior, Paz interior, Paz interior.

Passaremos a tecer algumas considerações a respeito do rap transcrito, privilegiando alguns *atos falhos* ocorridos em sua escrita (troca de pronomes pessoais e de verbos, omissão de palavras etc.),

---

13 Os complementos, entre colchetes, foram feitos na segunda leitura do texto, realizada juntamente comigo.

a nosso ver importantes porque nos ajudam a elucidar as representações dos autores, Gil e Dioniso, sobre a figura paterna.[14] Com esse propósito, parecem significativas: a omissão da palavra pai, seguida de um trecho incompreensível, respectivamente ocorridas nas linhas 5 e 6; a troca de pronome ele por eu, na linha 10; a omissão da palavra pai na linha 11; o emprego de "morrar" (erro que sugere uma condensação entre as palavras *morar* e *morrer*) no lugar de morar, usado na frase "vou comprar uma casa para nos morrar", o que pode sugerir uma ambigüidade de sentimentos (bons e maus) em relação à figura paterna; a dupla negação ocorrida com o emprego sucessivo da partícula negativa nas linhas 14 e 15; a omissão da palavra *filho* na linha 18; a omissão do verbo *ver* na frase "eu também que ria estar perto de voseis para [ver]..."; omissão do vocábulo *não* [incluído posteriormente, quando fez a leitura do texto junto comigo] na linha 29, o que pode sugerir o conflito entre consumir ou não drogas, atualmente vivenciado por um dos autores do rap; a troca de *esteja* por *seja*, na linha 33, o que pode sugerir um pedido para que o pai efetivamente seja pai. Enfim, as omissões e trocas de vocábulos somadas à falta de pontuação no texto parecem indicar uma certa ausência de suporte identificatório para Gil, reafirmada por ele mesmo em sua entrevista, ao enfatizar que "às vezes fica com a cabeça descontrolada".

Ainda quanto às representações familiares, com exceção de Raimundo, 16 (que não quer a mãe "nem pintada de ouro"), e Amanda, 12 (que arrumou uma mãe adotiva na rua, apenas alguns anos mais velha, e juntas cogitaram fugir para São Paulo), os demais manifestaram nas entrevistas um profundo sentimento de gratidão à mãe, por terem sobrevivido à morte ou ao abandono quando pequenos. Esperam, com trabalho e afinco nos estudos, às vezes também com muita autoculpa e sonhos mirabolantes, conseguir compensar os sacrifícios maternos e reverter a situação de miserabilidade de suas famílias. Belmiro, 13, que sonha "vender carro

---

14 A tentativa de conferir significação psicológica a tais atos falhos foi impulsionada por nossa leitura do livro *Psicanálise da alfabetização*, de Brunno Bettelheim (1984).

importado", quando questionado sobre sua vida nas ruas engraxando sapatos, do alto de sua responsabilidade precoce contraperguntou: "Vou deixar meus irmãos morrer de fome?"; Dalila, 14, quer ser médica (ou jogadora) para poder dar à mãe uma casa; Adilson, 15, acha que para a vida ser melhor, futuramente, só dependerá de seus esforços. Quer dizer, em geral eles não se reconhecem como vítimas da *infância negada*, não percebem que terem saído às ruas porque precisaram pedir esmolas ou trabalhar para ajudar no orçamento da família é uma necessidade imposta pela exclusão social.

Por outro lado, analisando-se as respostas dadas na Oficina "Raio X", pode-se observar que a maioria dos meninos mostrou conhecimento a respeito da situação econômica precária de suas famílias, alguns até mesmo satirizaram a própria condição miserável em que vivem, ao responderem ironicamente ao quesito "renda familiar" com respostas do tipo: "todas"; "3.000 cestas básicas". Trata-se de adolescentes cuja renda familiar, em média, era inferior ao salário mínimo da época (R$ 180,00), e alguns, quando entrevistados, disseram "passar necessidade" ou que sua família sobrevivia apenas com a cesta básica e mais R$ 50,00 que recebiam mensalmente por freqüentar a CPC.

Foto: Toni, 13.

"Simboliza a paz. Assim no alto, acho que ficou bonita."

Em resposta ao item do "Raio X" que pedia uma opinião sobre o Brasil, os sujeitos foram majoritariamente críticos: "está melhorando ou precisa mudar" (5); "otário" (1); "bom, lindo" (3); respostas em branco (1). A respeito do bairro onde moram, apenas um dos inquiridos escreveu "legal"; os demais escreveram o próprio endereço ou simplesmente assinalaram "favela", o que pode ser indicativo do senso crítico da maioria em relação às suas condições de vida. Tal senso crítico apareceu manifestamente no sonho de dois respondentes de "querer mudar de casa" e foi ratificado pela maioria dos entrevistados, cujas queixas em relação ao morar na favela incidiram sobretudo no aspecto da violência relacionada à presença de drogas e à falta de ter o que fazer.

A percepção crítica dos participantes da pesquisa sobre a realidade do país pôde ser mais bem conhecida e também trabalhada dramaticamente em algumas esquetes teatrais que criamos juntos, colocando em cena diferentes situações de mendicância ou furtos ocorridos nas ruas, assalto a banco, crianças cheirando cola etc., conforme descrito na oficina "Cenas de violências: esquetes teatrais", no Anexo. A consciência a respeito de suas condições de vida miserável foi-se ampliando no decorrer do processo de vivências com o grupo de participantes da pesquisa, como denota a letra deste rap criado em uma das oficinas por Gil, 15, e Dioniso, 11:

Foto: Cido, 12.

"Esta é pra eu mostrá meus irmão."

> E aí garoto fala pra mim o que você vai ser quando você crescer? Pó mano o barato é loco eu *você* [vou ser] cantor de rap que nem você.
> Muitas crianças de um sonho, muitos deles querem ser doutor, policiais, advogado e medico, poucos deles sonha em ser bandido. Muitos sonhos dessas crianças são destruídos.
> Com muitas mortes em sua frente, eles se espelha nos bandidos famosos criminosos assaltantes e estrupadores.
> Eu paro e digo durmam com os anjos crianças na area que eu *morro* [moro] muitas.
> Crianças entre 12 a 14 anos fazendo asaltos com um oitão na mão.
> Durma com os anjos criança essa e [é] mais uma letra essa voz é da periferia de Marília.

Além de ser a "voz da periferia", como pretendem os autores, a letra traz à luz algo dos sonhos e conflitos latentes vividos por eles. Salta aos olhos, por exemplo, o sonho de ser cantor de rap, alimentado por uma possível identificação entre os dois colegas, sugerida na frase "eu *você* [vou ser] cantor de rap que nem você". Ainda em relação aos sonhos projetados na letra do rap, nota-se o conflito entre querer ser doutor e ao mesmo tempo bandido, justificado por se espelharem em famosos criminosos; a letra também chama a atenção para a destruição dos sonhos e as "muitas mortes em sua frente" e talvez por isso se justifique o erro (que pode ser entendido como um *ato falho inconsciente*) na grafia da palavra *moro*, nesta frase: "na área que eu morro".

Os sonhos que apareceram nas respostas à enquete "Raio X" foram bastante diversificados: ser jogador de futebol (3); ser cantor (3); mudar de casa (2); crescer rápido (1); ser engenheiro eletrônico (1); ser modelo (1); ser feliz (1); ganhar bicicleta (1) e ganhar videogame (1). Ser jogador de futebol e cantor foram sonhos reapresentados por expressiva maioria nas entrevistas, conforme assinalou-se anteriormente.

Ainda em relação às representações dos meninos sobre as relações familiares e considerando-se as respostas dadas na oficina "Raio X", cabe observar que o adjetivo "legal" foi usado por cinco (entre treze respondentes) para qualificar a própria família; a maioria se restringiu a apontar os nomes dos familiares com os quais mora. Entretanto, no item "pessoas que eu admiro", da mesma oficina, "mãe" foi a pessoa mais admirada (3), seguida de "colegas" (2). Familiares, primeiro, e depois os amigos, também foi a ordem de escolha nas oficinas de fotografia, quase todos queriam fotografar a família, para "guardar como lembrança" (ver oficina "Memória da foto"). A valorização da família foi marcante na oficina "Representações gráficas sobre a escola", na qual a instituição família foi escolhida pela maioria dos participantes (oito, entre doze) para contrapor-se à escola, representada majoritariamente como "bagunça".

VIOLÊNCIA E ESCOLA

Parece não haver dúvida de que o desenvolvimento de um país é diretamente proporcional aos índices de escolaridade da população. Nesse sentido, um aspecto importante a ser ressaltado diz respeito à violência da exclusão escolar, que é um problema sério em nosso território. Dados comparativos apontam que enquanto a média de escolaridade das pessoas empregadas nos países ricos é de dez anos, no Brasil é de aproximadamente quatro anos (Barbero, 1998, p.129). É aí que se percebe a diferença abismal na preparação e qualificação para o trabalho entre os países ditos desenvolvidos e os emergentes, com todos os seus efeitos na mobilidade social e na qualidade de vida dos cidadãos.

Cabe também sublinhar outros dados: "no Brasil o analfabetismo é da ordem de 20 milhões, há 4 milhões de crianças fora da escola e os índices de repetência e evasão escolar são muito altos" (Bierrenback, 1998, p.51).

Obviamente, o conjunto desses dados retrata o fosso existente no território brasileiro entre a dimensão social e o crescimento econômico, o qual com certeza não se sustentará por muito tempo, pois pouco adianta para o desenvolvimento humano a liberdade de capitais e a abertura da economia para o país se adaptar às regras da sociedade global, se as desigualdades sociais continuam absurdas, com um contingente expressivo de crianças e jovens brasileiros vitimados pela exclusão escolar e pelo analfabetismo. Cabe ressaltar que o Brasil ocupa o 79º lugar em termos do índice de desenvolvimento humano (o 1º é do Canadá), medido pela ONU.

Outro aspecto importante que merece ser sublinhado é que a escola tem adquirido uma importância cada vez maior na formação intelectual e moral das gerações vindouras, sobretudo em razão das mudanças que se vêm processando na família. Há poucas décadas, era comum a mãe ficar em casa cuidando dos filhos, cabendo ao pai o papel de provedor do sustento da família. Com o passar do tempo, a inserção crescente das mulheres no mercado de trabalho, aliada aos movimentos reivindicativos por mais creches, sobretudo nos anos 1980, têm levado as crianças a iniciar mais cedo a escola, e esta, muito embora com ressalvas quanto à qualidade do ensino e à falta de vagas, é hoje o principal veículo de formação educativa dos filhos de famílias de baixa renda, em que os pais saem de casa para o trabalho e não podem contar com outro suporte educacional a não ser a escola regular.

Não obstante a importância do papel da escola no cenário da educação contemporânea, temos assistido a uma total deterioração da convivência humana no ambiente escolar, caracterizada pela falta de respeito entre alunos, destes aos professores,

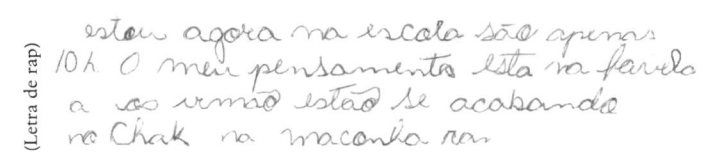

(Letra de rap)

"Estou agora na escola são apenas 10 horas. O meu pensamento está na favela os irmãos estão se acabando no crack na maconha *ram*."[15] (Gil,15; Dioniso, 11)

e vice-versa; aumento de preconceitos e intolerância às diferenças étnicas, sociais, sexuais; depredações do espaço físico da escola etc. O agravante é que tudo isso não está acontecendo somente entre as crianças e os adolescentes de escolas numerosas, nos grandes centros urbanos: a violência nas escolas também grassa à solta nas médias cidades e desde as primeiras séries do ensino fundamental.

As pessoas, felizmente, estão se tornando cônscias de que o enfrentamento de atitudes violentas ou a violência da exclusão es-

---

15   Termo utilizado pelo autor para representar sonoridade.

colar demanda co-responsabilidade entre família, escola e comunidade para se encontrar soluções, ou seja, exige reflexão conjunta e decisões assumidas pelo coletivo da escola, inclusive com participação ativa de lideranças comunitárias e pais de alunos. Dados de pesquisas realizadas pela Universidade de Brasília (Waiselfisz, 1998) confirmam o que já é fato reconhecido: há uma correlação positiva entre diminuição da violência e participação da comunidade na gestão dos problemas da escola.[16]

Uma das questões cruciais está em reconhecer que a família delegou à escola a tarefa de educar e esta continua mal aparelhada para cumprir, quase solitariamente, seu papel formador das gerações vindouras. Duplicaram-se os encargos socializadores da escola, sem uma contrapartida do Estado no que se refere à melhorias das condições de trabalho e salariais dos profissionais da educação.

Os professores continuam mal remunerados, sem apoio psicopedagógico e formação adequada, muitos estão doentes, como constatamos em pesquisa desenvolvida com professores de 1ª a 4ª séries, que apresentavam problemas nas cordas vocais, alergias e outras disfunções físicas, como também emocionais, caracterizadas por forte irritabilidade ou depressão (Gandolfi & Justo, 1997).

Outra questão merecedora de destaque é que os professores se queixam de não estarem conseguindo impor disciplina aos alunos, no contexto da sala de aula. Alguns até dizem não coibir certos comportamentos das crianças, com medo de que os pais possam usar o Estatuto da Criança e do Adolescente contra eles. Na realidade, pode-se suspeitar que tanto os pais como os professores de hoje estão confusos na sua tarefa educativa, receosos de adotar atitudes autoritárias porque viveram uma educação muito severa

---

16 Em trabalho de pesquisa por nós desenvolvido (Justo, 1999b), também procuramos refletir sobre alguns problemas de violência escolar (desrespeito aos professores, constantes brigas motivadas por intolerância e preconceitos de alunos) observados em uma escola da rede de ensino fundamental de Marília-SP, desenvolvendo um projeto de afirmação participativa dos pais, desde a fase diagnóstica dos principais problemas, passando pelo *sonho da escola possível*, sonhado coletivamente, e constituindo grupos de trabalho envolvendo pais, professores, lideranças comunitárias, enfim, viabilizando o exercício dos direitos e deveres de todos implicados, com o propósito de se construir uma escola efetivamente democrática.

ou, talvez, porque aprenderam com a geração anterior a repudiar o autoritarismo legado pelo período da ditadura em nosso país, permanecendo um certo equívoco quanto a tachar qualquer atitude de cerceamento da liberdade da criança como conduta autoritária.

Atualmente, psicólogos e educadores estão tentando reverter essa dificuldade com a disciplina escolar, reconhecendo a importância de uma advertência feita, muito tempo atrás, por Freud (1975), em seu ensaio O *mal-estar na civilização*. O alerta de Freud diz respeito ao fato de que tanto o excesso de repressão ou a permissividade exagerada não dão bons resultados, em matéria de educação.

Especialistas em psicologia da aprendizagem têm ponderado que para o aluno se manter concentrado na escola e gostar dela é imprescindível que ele se coloque no lugar de aprendiz, e esse lugar exige alguns requisitos: sentir falta do conhecimento, demovendo sua onipotência; saber que sabe que não sabe e reconhecer o saber do professor, isto é, que o professor sabe mais que ele e que tem algo importante a ensinar para sua vida futura. Em síntese, o aluno precisa desejar aprender com o professor e, para tanto, este precisa ser representado como alguém que domina a matéria a ser ensinada e, de alguma maneira, servir de modelo ao aluno, ocupando seu ideal de ego, pois, conforme sublinha a psicanálise, só se aprende algo por amor a alguém.

A propósito da importância das relações professor/aluno, ressalte-se que, para resistirmos à exclusão escolar de parcela significativa das crianças de famílias de baixa renda, são necessárias certas atitudes do professor que manifestem seu compromisso com a educação das crianças. Afinal, como chamou nossa atenção o educador Paulo Freire (1995), a escola é separada da vida, dos problemas e interesses de classe social desses alunos excluídos.

Dificilmente a escola tem ouvidos para acolher os reclamos dos alunos e trabalhar a partir do que dizem, reconhecendo o valor de suas manifestações espontâneas, nos grafites, nas letras de músicas, como neste rap, por exemplo, escrito por Gil, 15, um dos participantes de nosso grupo de pesquisa, em um momento de desabafo: "Estou agora na escola. São apenas 10h, meu pensamento está na favela. Vários irmãos estão se acabando no crack na maconha ram...".

Longa é a distância que separa a maioria dos professores do cotidiano dos alunos, movida pela alienação política, por preconceito e por uma culpa social paralisante que barram o acesso aos gritos que subjazem ao silêncio de suas falas entrecortadas, por perceptíveis apenas a quem seja capaz de ouvi-los.

Foto: Gil, 15.

"Quis mostrá gente da favela."

Sabe-se das limitações de consciência social, de compromisso político-pedagógico, da má formação universitária de grande parte dos professores e que, em geral, são os mais despreparados que acabam trabalhando nas escolas de periferia, com alunos violentados socioemocionalmente. Abundam nas escolas os preconceitos em relação às crianças pobres, há racismo, intolerância às diferenças sociais, culturais, sexuais e atitudes de violência visível de certos professores. É comum ouvir deles comentários como estes: "Aquela aluna é escurinha, mas é limpinha, um amor de menina"; "ele é pobrezinho, coitado, mas é esforçado que só vendo".

Convivemos com a negação do preconceito, mesclando-o à culpa suportada no *mito da não-violência* do povo brasileiro, sem nos darmos conta de falas e gestos no cotidiano que excluem ou tratam os alunos como coisa, violando seu *status* de pessoa humana portadora de dignidade. Não surpreende, conseqüentemente, que jovens expulsos da escola, como os entrevistados por Adorno (1991), guardem dela uma memória de violência incontida, que somente poderá acarretar respostas também violentas, resultantes da lembrança do castigo escolar impiedoso, da "matéria" insossa a ser decorada, do autoritarismo professoral sem chance de diálogo, da humilhação decorrente do preconceito. As falas dos meninos que entrevistamos denunciam o quanto ainda existe de práticas de *vigiar e punir* – título de uma obra-referência nesse campo –, correntes no século XIX, para fazer dos alunos indisciplinados "corpos dóceis e úteis" (Foucault, 1977).

A memória escolar de Belmiro, 13, engraxate nas ruas de Marília, aluno da sexta série, estará indelevelmente marcada pelo número de vezes em que fora obrigado a trocar comida e brincadeira pela lição não acabada, na hora do recreio: "Ela [a professora] me dava castigo, eu ficava copiando, fazendo tarefa, e não saía pra tomar sopa, ela saía e fechava a porta. Eu não ligava, porque minha mãe sempre tava em casa, fazia comida ... eu comia quando chegava". Daniel, 9, guardador de carros, lembrou-se das inúmeras vezes em que ficou "beijando parede": "se eu fazia bagunça, ela ponhava na frente, tinha que ficá de pé pra parede, até a aula acabá". Cido, 12, participante da CPC, referiu-se ao constrangimento de ser chamado freqüentemente de "porco" pela professora, quando não caprichava no caderno. O depoimento de Dalila, 14, também participante da Casa, traduz o quanto, ainda, os meninos pobres e negros são "cidadãos de papel", ou seja, cidadãos apenas na letra do Estatuto: "Na minha classe, a professora chamou um meu colega, mais escuro que eu, de neguinho ... deu o maior rolo, a mãe dele agora foi na delegacia falar com a diretora e tá processando". Tição, pança, gordo e macaco foram outros xingamentos lembrados como freqüentes na relação com os próprios colegas de escola, e também uma brincadeira feita por um inspetor de alunos: "Ele falava assim: sua mãe esqueceu você no forno, por isso você passou do ponto?".

A burocratização da escola, que tem feito desta um "cemitério de vivos" – para lembrarmos uma expressão cara ao saudoso educador libertário Maurício Tragtenberg (1974) –, também faz os professores esquecerem com demasiada freqüência que as lições de classe ou as tarefas de casa são meios, mas não fins em si mesmos. Quanta energia e desejo de aprender desperdiçados poderiam correr livremente pela aventura do conhecimento se os alunos pudessem encontrar mais professores da estirpe de Dona Emerenciana, lembrada por Carlos Drumonnd de Andrade, em seu conto "Nasce um escritor", como *uma mestra que lhe deu as chaves da verdadeira aprendizagem da escrita* ao deixar que ele sofregamente viajasse pelos torvelinhos de sua própria imaginação, em uma aula de geografia, ao invés de cobrar-lhe atenção às explicações sobre um mapa dependurado no quadro-negro. Por isso, o escritor guarda carinhosamente a mestra Dona Emerenciana em algum canto da memória, declinando, orgulhoso, que foi alfabetizada no terceiro ano do curso primário.

Será que os alunos não permaneceriam nas salas de aula caso fosse permitido a eles sair quando quisessem? Essa questão foi levantada por Bela, 15 anos, engraxate e irmã de Belmiro. Indagada sobre as razões que levam as pessoas a não querer estudar ou ficar na escola, disse: "Se não tivesse esses muro alto, tanta proibição, acho que eles queriam ficá. Eles pulam só pra zuá, daí acaba dando errado no que a escola quer que eles fique".

Ao contrário de Bela, a maioria de seus colegas entrevistados abordou o problema da permanência na escola com respostas sobejamente conhecidas: "desanima, porque a escola é chata", "tem professor que não sabe nada", "não tem computador, ficá só escrevendo não dá", "eles [os evadidos] que não quer ir", "o problema é a família que não obriga", "professora muito boa, eles abusa". Ainda no tocante à sala de aula, foi possível observar em uma das oficinas que realizamos solicitando uma representação gráfica do clima da classe à qual pertenciam, que seis entre os dez sujeitos participantes representaram-na como "bagunceira". Quando a classe será percebida por todos como "calma", "normal", "legal" – que foram as outras representações obtidas – ou um lugar atraente, que sirva de bálsamo para as dores do viver, porto seguro para desenvolver a auto-estima, confiança nas próprias capacidades, sonhar com um futuro promissor e encontrar razões que justifiquem dar duro nas tarefas e gostar da escola?

Foto: Tom, 13.

"Gosto do portão da escola."

Ser professor: o sonho não mais sonhado

Importante sublinhar que o sonho de ser professor figurou apenas na resposta de uma menina, entre os treze sujeitos, três do sexo feminino e dez do masculino, sondados a respeito de seus sonhos profissionais, em três diferentes situações: nas entrevistas (ver "Roteiro de entrevistas", no Anexo) e em duas oficinas (ver oficinas "Se eu fosse..." e "Raio X"). Ao lado de professor, apareceram as profissões de engenheiro, policial, médico e advogado, sendo as duas últimas mescladas à intenção de ser jogador de futebol e cantor, as quais figuraram nas escolhas profissionais de oito sujeitos, ao lado de quatro que disseram não saber ainda que atividade profissional desempenharão no futuro.

Com exceção de dois meninos, todos os demais entrevistados freqüentam regularmente a escola, apesar de se registrarem algumas repetências ou períodos de ausência escolar, motivados por mudanças da família, principalmente do sítio para a cidade, medo de apanhar de colegas ou brigas no trajeto da escola. O depoimento de Dalila, 14, traduz a insatisfação escolar da maioria dos entrevistados, ao mesmo tempo que alimenta o sonho de uma outra escola e outra vida, diferente da vida da mãe:

> A escola deveria ser mais envolvente, desse atenção pro aluno, porque tem escola que não é boa, professor não tá nem aí ... o aluno desanima, acaba desistindo. Ele pensa: eu vou ficar aqui fazendo o quê? Ninguém me apóia, ninguém gosta de mim. A pessoa põe na cabeça que é burra, que não sabe isso, aquilo ... Ela precisa colocar a cabeça no lugar. Minha mãe não quer que eu tenha a mesma vida de sofrimento dela, não consegue arrumar serviço, com cinco anos ela começou trabalhar em casa de família, ela criou nove irmãos. Quero ser médica, ter meu consultório, comprar uma casa pra minha mãe.

Não resta dúvida de que as pressões da sociedade de consumo, bem como os apelos à sobrevivência, empurram os meninos para deixar o estudo e sair às ruas em busca de dinheiro que garanta a complementação do parco orçamento das famílias. Entretanto, a incompreensão de professores conservadores, incapazes de ver que a rebeldia ao sistema escolar pode ser saudável e que não raras vezes são os "alunos-problema" pessoas criativas e desejosas de transformação do cotidiano, também acaba contribuindo para fazer da escola um lugar pouco convidativo para se permanecer nela.

Nesse sentido, cabe sublinhar o que Paulo Freire (1995), em suas *Cartas a quem ousa ensinar*, destaca como qualidades e atitudes indispensáveis ao professor progressista, as quais vão sendo geradas em sua prática, coerentes com a opção política e com a postura crítica com que atua e se relaciona com os alunos: humildade, generosidade, tolerância e paciência impaciente, competência científica e clareza política, entrega à alegria de viver, sem medo de criticar as autoridades quando necessário (p.55-64).

Essas idéias são retomadas por Paulo Freire em obra posterior, *Pedagogia da autonomia*, cuja primeira edição data de 1996, na qual ele resgata a necessidade de um fazer pedagógico fundado na ética, no respeito à linguagem e autonomia do educando. Textualmente Freire diz:

> O professor que desrespeita a curiosidade do educando, o seu gosto estético, a sua inquietude, a sua linguagem ... transgride os princípios fundamentalmente éticos de nossa existência ... Não me venha com justificativas genéticas, sociológicas ou históricas ou filosóficas para explicar a superioridade da branquitude sobre a negritude, dos homens sobre as mulheres, dos patrões sobre os empregados. Qualquer discriminação é imoral e lutar contra ela é um dever por mais que se reconheça a força dos condicionamentos a enfrentar ... Saber que devo respeito à autonomia e à identidade do educando exige de mim uma prática em tudo coerente com este saber. (1999, p.66-7)

Ainda considerando as atitudes de professores, no que diz respeito ao enfrentamento da violência escolar e à promoção de maior solidariedade e ajuda mútua entre os alunos, Padilla & Gonzalez (1995) sintetizam, com base em ampla revisão da literatura a respeito, uma série de fatores associados a um bom desenvolvimento moral das crianças.[17] Porém, pouco adiantam preceitos morais firmados pelos professores em sua prática de sala de aula, como sugerem os autores citados, se há uma forte descrença dos próprios alunos no

---

17 "dar-lhes oportunidades e estimulá-las a adotar a perspectiva dos outros, a 'pôr-se em seu lugar', para assim compreender seus sentimentos, motivações ou necessidades ... expressar de maneira firme, diante da criança, os princípios de justiça, de eqüidade, de busca de bem-estar social etc. ... agir diante e com a criança de acordo com tais princípios morais, de modo que esta seja um freqüente observador e receptor dos comportamentos justos e pró-sociais que queremos que acabe por gerar em si mesma ... estabelecer um marco de interações, nas quais a criança sinta que ela, suas opiniões e pontos de vista são respeitados ... ter expectativas elevadas a respeito da capacidade da criança de agir de modo justo, ético ou altruísta ... utilizar técnicas educativas baseadas na compreensão, respeito mútuo e raciocínio ... estabelecer controles firmes sobre a criança, a respeito de determinados comportamentos, principalmente os que impliquem transgressões morais que possam afetar o bem-estar ou a integridade dos demais" (Padilha & Gonzalez, 1995, p.241).

valor do estudo, na qualificação profissional e nas promessas de geração de emprego e garantia de mobilidade social propaladas, e não cumpridas, pelo modelo político neoliberal brasileiro, como denota a foto, de sensível denúncia social, escolhida por Elomar, 14.

Foto: Elomar, 14.

"Eu escolhi esta pra mostrar casa de gente pobre."

Para muitos adolescentes de famílias pobres o sonho de uma vida melhor acabou, não é mais crível que os esforços para manter uma vida idônea, trabalho honesto e afinco nos estudos se traduzirão em melhoria de qualidade de vida, bom emprego e salário digno. Parece ser esta a mensagem subjacente à escolha da foto de Júlio, 15, ou seja, mostrar a seu modo o abismo social existente na sociedade brasileira.

Foto: Júlio, 15.

"Essa casa é de *playboy*."

Outro ponto merecedor de destaque é a foto-denúncia esco-lhida por Tim, 14, que mostra sua posição de aluno no fundão da sala, com as paredes pichadas, transmitindo a situação de desamparo público em que se encontram as escolas.

Foto: Tim, 14.

"Quis mostrar a pixação na parede."

Não resta dúvida de que a falta de zelo pelos equipamentos escolares, por parte dos alunos, passa pela falta de investimentos na educação e pela cruel desvalorização do ensino e da figura do professor, na atual conjuntura político-social brasileira. No passado, os professores gozavam de um nível de prestígio e de autoridade muitas vezes superiores aos dos próprios pais, uma vez que eram reconhecidos como pessoas sábias e possuidoras de um conhecimento incomensurável aos olhos das crianças e da sociedade em geral, por isso mesmo dignamente remuneradas pelo seu trabalho.

Hoje, os professores recebem salários aviltantes, não raras vezes inferiores ao ganho de faxineiras domésticas, e não mais gozam de reputação entre as profissões idealizadas. Como ressalta Kupfer, o professor não representa mais nada, não fala mais em nome de uma ordem trans-histórica que o supera, e está jogado à sua imediatez e trágica particularidade. Cada um precisa sustentar em nome próprio a cultura construída por séculos – o que é tarefa hercúlea e quase impossível. (apud Levisky, 1998, p.133)

À vista dessas considerações, próprias de um sistema capitalista selvagem, como é o brasileiro, lembrando que no capitalismo o valor e o prestígio de uma pessoa são diretamente proporcionais ao salário que ela recebe, parece válido questionar: como é possível a uma criança pobre querer se esforçar nos estudos, se não vê perspectivas de conseguir um bom emprego no futuro, se a própria profissão de professor não é valorizada e, conseqüentemente, o professor não serve de *ídolo* para o aluno querer seguir o caminho profissional do mestre ou seu exemplo de vida retilínea?

Por tudo isso, não é difícil compreender por que muitas crianças estão começando cedo a carreira de vida nas ruas, longe da família e da escola, à mercê de toda sorte de exploração.[18]

Enfim, parece que não só os adolescentes mas também as crianças pequenas não estão mais dispostas a se conformar com a própria vida sacrificada, ou de seus pais e também dos professores. Como mostrou Dalila, em seu depoimento, ela não quer se tornar uma mulher resignada como a mãe, que suportou sua prova de sacrifício, trabalhando e cuidando dos irmãos desde 5 anos de idade, sem nenhuma garantia de futuro.

Portanto, não deveria surpreender, embora seja difícil de aceitar, que alguns deles, sem terem por que acreditar em mudanças reais na forma de viver, como Camila e Marcos, ambos com 13 anos, para os quais o sonho pulsante é mudar de casa, recusem freqüentar a escola, troquem a idealização do professor pela figura do pastor que professa uma vida melhor, como é o caso de

---

18   A pacata cidade de Marília recentemente virou notícia na imprensa paulista, com a manchete: "Gangue da chupeta atua em cidade do interior", onde se argüia sobre um grupo de crianças de 4 a 6 anos que tinha sido flagrado furtando objetos de uma residência a mando de maiores de idade (*Diário de Marília*, 8.2.2001, p.4).

Daniel, 9, que quer ser "cantor de hino de Deus", ou reclamem satisfação de sua vontade de viver e ganhar dinheiro, aqui e agora, aventurando-se por caminhos ilícitos, praticando pequenos furtos. Ou seja, sem precisar "ralar" no estudo, esperar se formar, trabalhar etc., quesitos que fazem parte da moratória cultural e dos valores humanos impostos às gerações novas, mas que obviamente só servem para os *bem-nascidos* de classe média.

Vitimados por uma escola que os expulsa ou não os acolhe com a tolerância necessária e respeito à sua linguagem e rebeldia, muitos adolescentes poderão optar por viverem titanicamente vagando pelas ruas, apesar de sabedores dos desconfortos que as ruas trazem e dos maus-tratos que poderão vir, inclusive, dos próprios colegas de rua. Bela, 15, quando entrevistada, lembrou-se de uma vez em que estava olhando carros e um colega começou a urinar na sua frente. Constrangida, chamou-lhe a atenção, recebendo em troca uma agressão verbal: "Quer que eu mije na sua boca?". Também Belmiro e Daniel comentaram que "os mendingo bate, os negão maior rouba a gente e corre atrás pra pegá nosso dinheiro".

Em relação a esse aspecto, Maria Stela Graciani (1997), pesquisadora brasileira de larga experiência com meninos de rua em São Paulo, mostrou o quanto existe de indícios de dominação e hierarquia nas gangues, sinalizados, por exemplo, pelo jeito de usar o boné: usá-lo com a aba voltada para trás só é permitido aos já iniciados ou aos chefes, enquanto o uso normal, com a aba para frente, significa ser novato no grupo, devedor de obediência e servidão voluntária aos desmandos dos mais velhos na gangue.[19]

Em suma, as crianças e adolescentes excluídos da escola ou que não sentem que o estudo poderá ajudá-los a melhorar de vida ou qualificá-los para a inserção no mercado de trabalho estão condenados a viver na imediatez do presente. Cometemos contra eles a pior das violências, posto que lhes roubamos a capacidade de sonhar com o futuro, comprometendo sua noção de temporalidade

---

19 Atualmente, o boné passou a ser um ícone do adolescente de todas as camadas sociais. Não se pode dizer que seu uso tenha os mesmos significados observados pela autora.

subjetiva e, nesse sentido, o próprio projeto do devir humano – uma vez que não nascemos, mas nos tornamos alguém na vida – o que supõe a integração dos tempos passado, presente e futuro, conforme advoga Martinez Reguera (1994) e variadas correntes do desenvolvimento psicológico infantil.

4 A POLÍTICA DE ASSISTÊNCIA À INFÂNCIA EM MARÍLIA-SP

A vida me fez de vez em quando pertencer,
como se fosse para me dar a medida
do que eu perco não pertencendo.

(Clarice Lispector, 1992)

O Conselho de Defesa dos Direitos da Criança e do Adolescente começou a funcionar no município de Marília em 1992, observando-se o critério de paridade na sua constituição, conforme apregoava o ECA, isto é, parte de seus membros eleitos foram indicados pelo governo municipal, e parte por setores organizados da sociedade civil. Criou-se também, no ano de 1997, o Conselho Tutelar, constituído por cinco membros sancionados pelo voto da comunidade, cuja função precípua é fiscalizar os recursos e as medidas de proteção à infância-adolescência adotadas no município.

Sabemos, porém, das limitações de atuação desses conselhos, da falta de respaldo político e financeiro que não raras vezes encontram para perseguirem seu compromisso com a promoção e a defesa dos direitos das crianças e dos adolescentes. Até meados do ano 2000, era impossível, por exemplo, ao Conselho Tutelar exercer razoavelmente suas funções, pois suas instalações físicas eram muito precárias, impedindo-o de atender minimamente à demanda dos casos que chegavam; o registro e o controle dos atendimentos realizados era deficitário; não havia disponibilidade de viaturas para os conselheiros, estes não podiam gozar férias, uma vez que faltava pessoal substituto etc.; além disso, sabemos do trabalho hercúleo dos conselhos em geral, nem sempre reconhecido, para

garantir transparência e efetiva autonomia de propostas desvincula-
das de interesses políticos ou particulares.

É certo que assistimos no município, na última década, a uma
avalanche de propostas e ações direcionadas ao segmento infanto-
juvenil, todavia falta diálogo e planejamento compartilhado entre
os inúmeros atores sociais que, com o advento do ECA, passaram a
atuar na área de assistência à infância, e isto certamente não acontece apenas na cidade de Marília. Há excelentes projetos e tentativas de trabalho na área, contudo carecem de articulação entre si:
polícias militar e civil,[1] Núcleo de Direitos Humanos e Cidadania
de Marília (NUDHUC) (uma entidade sediada na UNESP local e
que congrega representantes de aproximadamente vinte entidades
civis, religiosas e universitárias); Fórum de Defesa, Conselhos Municipais, Febem local, secretarias municipais e estaduais; entidades
religiosas que atuam com programas direcionados à infância-adolescência em situação de risco como o Projeto Barracão, mantido
pela Cáritas, ou a Comunidade Terapêutica Esperança, ligada à
uma igreja protestante.

O NUDHUC, que atua prioritariamente na formação e na ampliação da consciência de cidadania em diversos setores da comunidade, especificamente na área da infância e adolescência, pro-
moveu em agosto de 1999, sob nossa coordenação, um curso de
formação com o tema *violência contra a criança*, do qual saíram
diferentes reivindicações e propostas de articulação entre os trabalhos realizados nas áreas de saúde, segurança e educação, elaboradas pelos participantes do curso, e que foram encaminhadas aos
órgãos públicos municipais competentes, todavia não houve retorno a respeito dos documentos ou consideração sobre os problemas
levantados.

O NUDHUC também realizou, em outubro e novembro de
1999, inúmeras reuniões com o propósito de favorecer o inter-
câmbio de idéias e gerar propostas articuladas entre representantes do Judiciário, inclusive com a presença de um promotor, de
vereadores, e de pessoas ligadas à Febem, às Secretarias de Estado

---

1   A Polícia Militar feminina iniciou uma ação preventiva nas escolas, porém
    solitária e sem muito respaldo de autoridades públicas.

e municipal do Bem-Estar Social e da família, aos Conselhos Tutelar e de Direitos e a entidades defensoras (ou que trabalham diretamente com) da infância e adolescência em situação de risco.

Tais reuniões foram deflagradas diante dos horrores que vieram à luz – rebeliões, mortes, denúncias de torturas de adolescentes internados em unidades da Febem – visando discutir o processo de descentralização proposto pelo governo estadual, inclusive a rejeição de parte da comunidade quanto à instalação de uma unidade em Marília, bem como levantar dificuldades e conquistas nos programas de atendimento. Mas o objetivo precípuo de reunir as quinze pessoas que compareciam, em média, aos encontros era pensar conjuntamente como inibir as internações na Febem e, em contrapartida, incrementar a aplicação no município de Marília das medidas socioeducativas em meio aberto, apregoadas no ECA. Em novembro de 1999, Marília mantinha dezesseis internos em unidades da Febem, conforme dados apresentados por técnicos participantes das reuniões, contrastando com o número zero de internações na cidade de Ourinhos-SP, o que motivou o convite a um representante daquela cidade para apresentar os programas de atendimento implementados.

Foto: Gil, 15.

"Quis mostrar como eles trabalha."

Contudo, não se pode dizer que os debates e esforços discursivos dos presentes aos encontros reverteram-se em ações concretas e transformadoras no modo de tratar os problemas. Havia um "jogo de empurra" entre as partes: o Judiciário insistia na factibilidade das internações, alegando tratar-se de casos de violência contra pessoas, assalto à mão armada, até mesmo de latrocínio (roubo seguido de morte); técnicos do Judiciário defendiam-se do fato de haver um baixo número de adolescentes infratores prestando serviços à comunidade – havia apenas quatro, na ocasião –, reclamando da falta de apoio de empresários à causa; representantes de órgãos públicos estaduais cobravam projetos da Secretaria do Bem-Estar do município, que por sua vez alegava sua prioridade no atendimento de crianças e adolescentes carentes, mas não infratores.

Um fato positivo, decorrente dessas reuniões, foi a visita de uma comissão de pessoas interessadas, entre as quais nos incluímos, à Comunidade Terapêutica Esperança, única entidade existente na cidade conveniada com a prefeitura municipal para receber adolescentes dependentes químicos, cuja permanência na instituição pode variar de três a seis meses. Trata-se de uma entidade ligada a uma igreja protestante, mantida por doações de particulares, e com a qual a prefeitura colabora custeando o aluguel da chácara onde funciona.

Na ocasião da visita, o número de internos, apenas meninos, era onze, sendo grande parte oriunda de outras cidades. As condições físicas do equipamento são apropriadas, embora tenha-se constatado que a Comunidade oferecia uma única atividade de cunho profissionalizante, mecânica de moto, que nos pareceu atraente aos internos, e havia a intenção de se instalar uma oficina na área de informática. Entretanto, a visita permitiu perceber que a instituição mantinha um cronograma de atividades rígido, sem co-participação dos adolescentes na definição delas, co-participação extremamente necessária para o desenvolvimento da autonomia e do senso de responsabilidade; é preocupante, a nosso ver, a forte ênfase dada à *conversão religiosa* como instrumento de recuperação, principalmente pelo exercício de cantar paródias musicais.

Não é o caso de se fazer, aqui, uma avaliação apressada, baseada em uma única visita à Comunidade Terapêutica Esperança; entretanto, cremos que a esperança de recuperação dos meninos internos na entidade seria mais condizente com o que apregoa o ECA caso a ênfase do trabalho realizado se pautasse mais visivelmente nos princípios da democracia participativa e da autonomia de pensamento dos adolescentes atendidos, considerando-os como *sujeitos de direitos*, propiciando aos internos possibilidades de opinar no roteiro semanal de atividades, diversificando o trabalho musical, incentivando-os a criar letras de músicas, a aprender a tocar violão, ao contrário de apenas repetirem as paródias que lhes chegam prontas.

Enfim, as reuniões realizadas com representantes de diferentes órgãos e entidades chamados a refletir e buscar soluções aos problemas afetos aos adolescentes que vivem em situação de vulnerabilidade permitiram constatar uma grande desarticulação entre os projetos direcionados para esse setor. Vale frisar, mais uma vez, que essa desarticulação não é prerrogativa apenas da cidade de Marília e que, obviamente, assume dimensões muito mais amplas e complexas quando se trata de uma megalópole como São Paulo, por exemplo. A trama das instituições que trabalham na área da infância em São Paulo foi objeto de densa e esclarecedora análise em recente publicação (Gregori, 2000).

A autora descreve (ibidem, p.159-66) a *trama institucional* dos serviços prestados ao setor infanto-juvenil na cidade de São Paulo, revelando as disputas por mais verbas, os interesses corporativos e clientelistas entre os vários atores sociais que atuam na rede de assistência, enfatizando que tudo isso acaba impedindo o desenvolvimento de padrões ou procedimentos que se constituam efetivamente como soluções aos problemas emergentes. Gregori aponta também alguns entraves agravantes da situação: o fato de a clientela, à qual se destinam tais serviços, não ter capacidade de organização e ação coletiva, ou seja, os programas assistenciais são impostos, os interesses das crianças e dos adolescentes são *falados* pelos dos adultos; outro entrave é o excesso de burocratização que inviabiliza qualquer mudança ou consolidação de projetos alternativos e inovadores. Conclui sua avaliação da trama institucional, que aprisiona soluções e práticas mais eficazes, propondo como caminho para melhor se balizar os avanços e apurar os problemas "a análise, numa perspectiva qualitativa, do comportamento dos vários atores envolvidos nessa trama e as ações institucionais levadas a cabo no cotidiano" (ibidem, p.166).

Gregori também ressalta que não podemos perder de vista que o corporativismo, o assistencialismo e o modelo autoritário para tratar de questões sociais ainda estão longe de serem erradicados. Somos concordes com a autora, quando ela adverte para não esquecermos que o Estatuto, ao conceber as crianças e os adolescentes como "sujeitos de direitos em condição de desenvolvimento", alterou profundamente uma concepção anterior, na qual eles eram tomados como objeto de tutela.

Deve-se, portanto, levar em conta algumas dificuldades que têm contribuído para tornar mais morosa a efetivação do Estatuto na prática, não somente no município de Marília: para certas instituições, de cunho religioso ou não, que assistem ao setor infanto-juvenil há tempos e viam sua clientela como objeto de tutela, está sendo difícil trabalhar com a noção de criança enquanto "sujeito de direitos", tal como apregoa o ECA; falta ainda à população conhecer mais, conferir legitimidade e reconhecimento às propostas do Estatuto; além disso, não se pode desconsiderar o fato de que os valores de proteção e defesa dos diretos da infância majoraram o interesse comercial, a disputa por obtenção de recursos e de poder. Sabe-se que trabalhar com crianças em situação de vulnerabilidade, hoje, rende benefícios políticos incalculáveis.

A cidade de Marília foi, no ano 2000, uma das cidades paulistas premiadas no setor educacional e de assistência à infância pela Unesco e pela Fundação Ayrton Senna. Sem dúvida, a atenção do poder público municipal aos problemas afetos às crianças tem sido notável, a construção das cinco unidades da Casa do Pequeno Cidadão[2] e o decréscimo vertiginoso do número de crianças nos semáforos são prova disso. Entretanto, sabemos que ainda são poucos, não só em Marília, os avanços de políticas públicas que contemplem sobretudo os direitos dos adolescentes, conforme

---

2 No início de 2003 começou a funcionar a sétima unidade da Casa do Pequeno Cidadão, e a Prefeitura contabiliza o total de 1.100 crianças e adolescentes atendidos.

previsto no ECA. Há descompromisso dos poderes públicos, das entidades que trabalham no setor e também da sociedade em geral em relação ao futuro dos adolescentes que beiram o caminho da marginalidade, envolvendo-se com pequenos furtos ou drogas.

Foto: Elomar, 14.

"Escolhi esta pra ver o estrago da rua."

Passaremos a relatar um caso exemplar, a nosso ver, da situação de desamparo em que se encontram alguns adolescentes que vivem em situação de risco, nas ruas de Marília. Nos últimos dois meses de 2000, acompanhamos de perto a vida de Raimundo – conforme análises anteriores –, um garoto de 16 anos, perdido na confusão de conflitos próprios da adolescência, entretanto agravados pela falta de apoio familiar, escolar e assistencial. Mesmo que nossos olhos não queiram ver, existem em Marília, uma cidade com uma população em torno de duzentos mil habitantes, cerca de vinte adolescentes vivendo na mesma situação de Raimundo.[3]

Trata-se de garotos entregues à própria sorte nas ruas, ora acolhidos na casa de parentes ou amigos, nas dependências da

---

3   Essa estimativa não se baseia em dados oficiais, mas em observações e conversas informais com pessoas que atuam na área.

delegacia de polícia ou no albergue da cidade, mas que freqüentemente dormem em casas abandonadas, nas praças, nas marquises de lojas ou no antigo cinema desativado, e assim vão passando os dias e as noites, sem distinguir o domingo ou a noite de Natal. Como nos disse Raimundo, em um comentário sobre as festas de fim de ano, para ele "nunca existiu Papai Noel e essa história de ganhar brinquedo no Natal." Em vez disso, muito cedo sentiu o gosto azedo do abandono da mãe, mal sabe escrever o nome e lê poucas frases. Nunca provou o sabor de passar férias escolares na Ilha do Mel ou alimentou qualquer outra fantasia comum à idade; ao contrário, já amargou o fel de ter passado muitas noites de frio nas ruas e medo em hospital psiquiátrico ou clínicas para se desintoxicar de crack.

Tentativas, em vão, foram feitas para reaproximá-lo da família, por parte do Conselho Tutelar. A mãe, que o aceita, ele não a quer "nem que ela venha pintada de ouro"; ele quer os tios, que o rejeitam por receio de confusão, porque Raimundo "se meteu em encrenca com droga".

Raimundo apela aos nossos sentimentos, dizendo que vai morar no meio do mato. Outras tentativas são feitas, mediadas pelo Conselho Tutelar, para encaminhá-lo a algum lugar em que possa ficar longe do "mocó" onde dorme (de endereço sabido, mas ignorado pelas autoridades), pois Raimundo corre risco de morte, uma vez que pesa sobre ele suspeita de delação sobre um traficante que fora preso recentemente.

O problema é que não existe em Marília nenhum local que possa acolher, mesmo por curto tempo, adolescentes com o perfil de Raimundo. Existe a Comunidade Terapêutica Esperança, brevemente referida em páginas anteriores, que é mantida por uma agremiação religiosa e subsidiada em parte pela Prefeitura Municipal. Entretanto, por se tratar de um local de recuperação de drogaditos em meio aberto, e considerando sua história de fugas recorrentes em um hospital psiquiátrico, Raimundo não foi aceito na Comunidade.

Conclusão: não obstante o pavor de Raimundo em ser internado novamente em uma instituição fechada, do tipo manicomial, ele foi encaminhado, na falta de alternativa, para o Esquadrão da

Vida, que atende adultos (ressalte-se que esse encaminhamento é questionável, de acordo com o ECA) dependentes de drogas, com a ressalva, feita pela conselheira tutelar, de que, "se ele fugisse, seria entregue às mãos da polícia". Raimundo fugiu no segundo dia de internação. Passados dois meses, ainda não se sabia do seu paradeiro; talvez Raimundo tenha ido mesmo morar no meio do mato junto com os bichos, como disse em uma das nossas primeiras conversas; ele sabe, ao seu modo, que no mundo humano, desumanizado, achar um lugar para viver está cada vez mais difícil.

Para muitos, "se não fosse esse pessoal dos direitos humanos que protege bandido" o problema estaria solucionado mandando Raimundo para a Febem, em São Paulo. A propósito, cabe ressaltar que no segundo semestre de 2001 passou a funcionar em Marília uma unidade da Febem,[4] com vagas subdivididas entre os que estarão cumprindo medida de internação e os internos provisórios, que aguardam decisão do juiz.

Foto: Dalila, 14.

"Escolhi [a foto] por causa que o bicho tá preso."

---

4 A Febem-Marília tem capacidade para 72 adolescentes.

Sabemos que, não obstante as reformulações em processo e as tentativas de descentralização da Febem, criando unidades de menor porte espalhadas pelo interior do Estado, os horrores praticados no tratamento aos internos, em algumas unidades de São Paulo, e a reincidência de internação dos mesmos adolescentes já constituem indicadores que permitem desqualificar essa instituição como um equipamento eficaz para a ressocialização de adolescentes em conflito com a lei. Inclusive, conforme aponta o estudo de Gregori (2000, p.190), a estrutura da Febem foi reconhecida como falida e cogitado seu fechamento pela secretária Alda Marco Antonio, quando assumiu a instituição, em 1990; entretanto, a secretária permaneceu pouco tempo no cargo e isso não foi possível, tendo ocorrido sua demissão, em 1992.

Obviamente, não se está propondo aqui o fechamento ou não da Febem. O assunto exige uma análise detalhada, dada a complexidade dos inúmeros aspectos envolvidos na questão, contudo, não se pode esperar que a presença de uma unidade da Febem em Marília vá solucionar os problemas afetos aos adolescentes em situação de risco, que se agravam a cada dia.

Acompanhamos o desenrolar de outro caso, transcorrido em fins de 1999, que infelizmente acabou na morte do adolescente Beto, 16 anos, que vivia na companhia de outros meninos em uma casa abandonada no bairro Santa Antonieta, na zona norte da cidade.

Segundo nos relatou o presidente da Sociedade Amigos do Bairro, a comunidade tentou evitar esse desfecho trágico, levando ao conhecimento das autoridades competentes, em 22 de novembro de 1999, a situação de risco em que se encontrava Beto, alertando que ele e outros meninos de seu grupo estavam na mira raivosa de alguns moradores, vítimas de freqüentes furtos de botijões de gás, de pequenos objetos ou de roupas no varal das casas.

A situação de Beto e de seus amigos agravou-se depois da suspeita que pairava sobre eles em relação à ocorrência de um estupro, entretanto não registrado na polícia, sofrido por uma mulher do bairro. Diante dos acontecimentos e do clima de insegurança na comunidade, os moradores fizeram um abaixo-assinado e o encaminharam à promotoria em 22.11.1999, pedindo providências, em tom veemente, como se nota no trecho que transcrevemos a seguir:

Considerando que a nossa cidade se encontra deficitária, sem instalações adequadas, enquanto assistimos impotentes às discussões sobre a descentralização da FEBEM, sentimos a necessidade de buscar apoio do Ministério Público do Estado de São Paulo para que a situação seja amenizada, a partir do conhecimento real do problema por parte de nossas autoridades constituídas.

Considerando que, quando lembramos que conhecemos esta criança ainda no colo de suas mães, também carentes, perguntamos a nós mesmos, à comunidade e ao poder público: fizemos alguma coisa por eles? Se fizemos, não foi o suficiente, pois aquelas crianças saltaram dos colos de suas mães, para serem acolhidos pelas ruas, que lhes ofereceram como refúgio o vício das drogas. Diante dessa situação, não podemos ficar de braços cruzados, pois tememos um final ainda pior, em que poderá prevalecer a barbárie, ao invés da justiça...

Na entrevista realizada com o presidente da Associação de Moradores foi possível constatar os esforços despendidos pela comunidade para evitar um mal maior, o que acabou acontecendo com a morte de Beto.

Primeiro, levei o caso ao Conselho Tutelar, que me pediu que entrasse com um ofício na Promotoria, pedindo a tutela do menino. Também conversei informalmente com um técnico da FEBEM, que disse saber do caso, mas que não tinha o que ser feito e, ironicamente, ainda me falou: leva ele pra sua casa. A FEBEM, naquela ocasião, estava em pé de guerra em São Paulo. ...

No Fórum, o juiz me recebeu, sentado sobre uma ponta de uma mesa, o que eu achei meio displicente. Expliquei a situação, inclusive um dos meninos já tinha sido espancado e amarrado em uma árvore. O juiz me disse que pra pedir a tutela do menino não é fácil, que precisava de um fato novo. Isso na verdade me chocou. Eu já tinha dito a ele que os meninos estavam arrombando as casas, já estavam armados ... Pra mim, ele [o juiz] não deu a mínima importância ao que a gente estava pedindo, disse que ia encaminhar. Não deu em nada. Não demorou nem trinta dias, o menino foi morto ...

Depois que isso aconteceu, fui chamado no Fórum, as assistentes sociais me disseram que estavam dispostas a fazer um trabalho de conscientização, palestra de prevenção contra drogas, e pediram a colaboração da Associação. E ficou nisso. Até hoje, não sei se foi a polícia, ou quem matou. Falar que o menino pulou no buracão [precipício] eu não acredito, porque ele estava sem roupa, com o pé quebrado... (Entrevista 2)

O entrevistado concluiu seu depoimento, indignado com a falta de agilidade dos poderes constituídos e de propostas concretas e eficazes para enfrentar os problemas:

Foto: Júlio, 15

"Pra mostrá onde nós gosta de ir: no buracão."

Eu fico temeroso porque esse caso não será o último. Tem meninos que eu vi crescer e hoje vivem pela rua, armados. Se eu tô sabendo desses casos, será que o Conselho Tutelar, o juizado não estão sabendo? A gente [a associação de moradores] fica de mãos atadas, não tem poder, e também não tem estrutura no bairro pra oferecer alguma coisa pra eles. (Entrevista 2)

Parece não haver outro caminho para fazermos valer efetivamente o Estatuto no âmbito do município de Marília senão auscultar, quantitativa e qualitativamente, como vem sendo feita a aplicação das medidas socioeducativas em meio aberto, conforme prevê o Estatuto. Quantos adolescentes infratores estão em liberdade assistida e como estão sendo acompanhados? Quantos estão prestando serviços à comunidade, sendo capacitados para o trabalho, com apoio de empresários locais? Como está sendo feita a avaliação técnica das entidades conveniadas com a Prefeitura local que recebem adolescentes internados para desintoxicação de drogas ou se acham em conflito com a lei?

Estas são algumas perguntas que exigiriam atenção especial, não somente do poder público, mas também por parte das universidades, do NUDHUC, do Fórum de Defesa, dos Conselhos e demais pessoas cônscias da necessidade de se fazer pressão junto aos órgãos competentes, exercendo papel fiscalizador, para que efetivamente se rume na direção de co-responsabilidade e se cumpra o Estatuto.

NOME: Dioniso

RAIO X

Problemas atuais: maconha
Problemas resolvidos: Não estuda ajuda maconhas
Sonhos: droga mal
Medo: de Perder
Raiva: de mim
Vontades: de traçar
Felicidade: está aqui
Saudade: ser forte
Susto: sun braço
Pessoas que admiro e porque: Porque eu sou bomb

Oficina "Raio X". Protocolo de respostas.

Retomando os casos de Raimundo e Beto, antes relatados, convém deixar claro que a explanação aqui feita não intenciona imputar culpa especificamente aos órgãos públicos ou a quem quer que seja. Não se trata de achar um responsável único pela falta de encaminhamento devido, mas sim reconhecer que eles são emblemáticos da desarticulação, sobretudo entre as várias esferas competentes que deveriam propor as soluções. Acompanhamos os esforços da conselheira tutelar que cuidou do caso de Raimundo, reconhecendo que a angústia e o tom de ameaça com que abordou o adolescente (advertindo que, se ele fugisse, lavaria as mãos e o entregaria à polícia) são compreensíveis, porque os recursos de que o Conselho Tutelar dispunha para encaminhamento dos casos eram (são, ainda?) exíguos ou, pode-se dizer, quase inexistentes.

O PROJETO CASA E A RUA

O projeto municipal Casa do Pequeno Cidadão, que mantinha seis unidades em 2000, e atendia cerca de quinhentas crianças e adolescentes, conforme a coordenadora da unidade onde realizamos a pesquisa,[5] começou a funcionar em 1997. O objetivo geral do projeto, segundo informativo distribuído pela Secretaria do Bem-Estar "é fazer com que crianças e adolescentes abandonem o vício das ruas, reintegrando-os na família, escola ou comunidade. A população alvo: crianças e adolescentes de ambos os sexos na rua; a faixa etária: 7 a 17 anos e 11 meses". No informativo, lê-se, ainda, que a iniciativa do projeto adveio "de um diagnóstico realizado pelo CMDCA em 1996, no qual constatou-se que 55 crianças e adolescentes estão em situação de risco pessoal e social, buscando nas ruas da cidade a satisfação de suas necessidades básicas através da mendicância e/ou pequenos furtos".

---

5   Entretanto dados veiculados em matéria jornalística, "Gangue da chupeta age no interior de SP", informavam que o projeto CPC atendia oitocentas (*Diário de Marília*, 8.2.2001, p.4). Em 2003 começou a funcionar a sétima Unidade do projeto e, conforme publicidade veiculada pela Prefeitura, o número de usuários da Casa do Pequeno Cidadão é 1.100.

Em relação a essa apresentação oficial do projeto, parece-nos pertinente fazer algumas considerações: primeiro, quanto ao objetivo proposto, definido como "fazer com que ... abandonem o vício das ruas". O uso da expressão "vício das ruas" pode sugerir mais um estigma em relação à criança que sobrevive nas ruas, culpabilizando-a por sua condição de vida e, nesse sentido, parece-nos imprópria para caracterizar uma problemática que, como sabemos, é altamente complexa, enraizada em violências econômicas, sociais e culturais. Outra observação diz respeito ao fato de o projeto apresentar certa distância entre os seus propósitos e a prática, ou seja, o projeto visa "atender crianças que buscam nas ruas a satisfação de suas necessidades básicas através da mendicância e/ou pequenos furtos", todavia, conforme pudemos constatar, o projeto limita-se a atender crianças e adolescentes que não estejam envolvidos com drogas ou em conflito com a lei – os chamados "infratores". Em relação a estes, não se observa nenhum equipamento municipal que os acolha, e, quanto aos drogaditos, conforme se referiu em páginas anteriores, o atendimento é terceirizado, feito na Comunidade Terapêutica Esperança ou, então, encaminha-se o usuário de drogas a um projeto existente em Garça – cidade localizada a 30 quilômetros de Marília –, conhecido popularmente como "projeto do pastor".

Foi possível constatar, pelo menos na unidade da Casa do Pequeno Cidadão onde fizemos a pesquisa, que o número de crianças participantes desse projeto e que têm experiência de rua é bastante reduzido. Entre as vinte crianças e adolescentes, de idade entre 12 e 14 anos que freqüentam a CPC no período da tarde, por nós entrevistados, tendo em vista uma triagem para constituir nosso grupo de pesquisa, apenas quatro disseram ter passagem pelas ruas, quer mendigando quer trabalhando. Não obstante essa constatação, há de se ressaltar que o número de crianças pedintes nas ruas centrais de Marília diminuiu visivelmente após a implementação do projeto Casa, quer comparado ao índice de 55 crianças/dia registrado pelo Conselho Municipal de Defesa da Criança, junto com a Prefeitura, em 1996, quer à cifra de 79 crianças/dia, constatada no final do ano de 1994, mediante uma sondagem numérica que realizamos (Justo, 1995).[6]

A diminuição do número de crianças em situação de rua, em Marília, deve-se, sem dúvida, ao trabalho realizado pelas educadoras de rua – uma conquista para a cidade que veio com a implantação do projeto Casa do Pequeno Cidadão, embora algumas lideranças comunitárias o vejam com certo ceticismo, como observamos na entrevista abaixo:

> P: O sr. conhece a Casa do Pequeno Cidadão, o que acha do projeto?
> R: Eu não conheço, mas eu acho que não está comportando os problemas. Primeiro, porque não sei o que acontece, mas os meninos não querem ir lá. Dizem que eles sumiram do centro da cidade, mas tão tudo aprontando na vila, eles não vem aqui pedir nos semáforos, por medo das assistentes sociais levarem para a Casa do Pequeno Cidadão.
> P: Mas por que os meninos teriam medo de serem levados para a CPC?
> R: O que eles dizem é que lá não tem nada pra fazer, que só faz a tarefa [da escola] e depois fica largado, jogando bola. (Entrevista 2)

As crianças e adolescentes que freqüentam a Casa do Pequeno Cidadão são atendidos pelo projeto no horário em que não estão na escola, e as atividades desenvolvidas incluem: reforço escolar, esporte (principalmente futebol), artesanato com sucatas, pintura em tecido, bordado etc. e atividades profissionalizantes para os maiores de 14 anos, tais como marcenaria, mecânica de autos, instalações elétricas etc.

No decorrer de abril a novembro do ano de 2000, mediante autorização para realizarmos parte de nossa pesquisa de doutorado, nos foi possível conhecer "por dentro" não somente as instalações de uma das seis unidades do projeto Casa do Pequeno Cidadão, mas o trabalho educacional cotidianamente desenvolvido com cerca de sessenta crianças e adolescentes, de idade entre 7 e 16 anos, que a freqüentavam regularmente.

---

6 Pautada em critérios objetivos, controlados cientificamente e na qual se utilizaram os mesmos procedimentos da pesquisa conduzida na cidade de São Paulo, em 1993, orientada por Fúlvia Rosemberg.

Além da coordenadora, o trabalho na Casa era desenvolvido por quatro educadoras sociais, responsáveis principalmente pela atividade de reforço escolar, três merendeiras/faxineiras, dois policiais militares e, também, pela colaboração voluntária de mais quatro pessoas: uma senhora ligada à maçonaria (uma das entidades que auxiliam o projeto com recursos financeiros), um estagiário de educação física, uma orientadora religiosa e uma professora de artesanato.

Não havia atividades profissionalizantes na Casa, pois estas são oferecidas apenas em uma das unidades do projeto, que concentra maior número de adolescentes com idade acima de 14 anos. Alguns usuários da Casa faziam parte, juntamente com participantes das demais Casas, de um coral, um grupo de dança estilo afro e uma fanfarra, mantidos pela Prefeitura Municipal, e que costumeiramente se apresentavam em eventos culturais, inaugurações de obras realizadas pela atual administração etc.

No tocante ao trabalho educacional desenvolvido pelas educadoras com os meninos, nota-se um esforço considerável por parte delas, entretanto o salário que recebem é baixo.[7] Além disso, o quadro de funcionários é exíguo, a ponto de a Casa ter finalizado o ano de 2000 com apenas duas educadoras, porque uma delas foi transferida para outra unidade do projeto, a fim de ajudar na confecção de objetos natalinos que tradicionalmente são comercializados em uma feira beneficente de fim de ano, e outra educadora estava afastada do trabalho por motivo de saúde na família.

Outro aspecto merecedor de consideração é a rotatividade de pessoas que prestam serviço voluntário na Casa, nas áreas de artesanato e atividade esportiva. Sabe-se que o serviço voluntário, sem remuneração, está sujeito a ser instável, o que pode prejudicar a criação de vínculos afetivos entre adultos/meninos, vínculos estes tão necessários para se tentar reverter a situação de desamparo em que muitos deles se encontram. Nesse particular aspecto, deve-se ressaltar que a Casa provê sessões semanais, em grupo, para aten-

---

7   R$ 505,58, valor líquido recebido (em novembro de 2000) por 8 horas de trabalho/dia, é baixo, sobretudo se comparado ao salário das professoras municipais, que gira em torno de R$ 800,00.

dimento psicológico e fonoaudiológico dos casos mais necessita-
dos, todavia, como a psicóloga não é exclusiva da Casa, as sessões
são muito espaçadas, o que acaba comprometendo a qualidade do
atendimento.

Ainda em relação ao trabalho voluntário, torna-se importante
ressaltar que a aceitação do trabalho oferecido passa por um crivo
institucional, ou seja, há preferência por voluntários que realizem
trabalhos artesanais, como bordados, pintura em panos de prato,
confecção de tapetes, anjos natalinos etc., que depois são comercializados em feiras de artesanato promovidas por entidades
assistenciais. Essa prática corre o risco de ser criticada pelo uso in-
devido da mão-de-obra infantil, além de sugerir uma inversão de
interesses: em vez de a prioridade ser a criança, como afirma o *slogan*
publicitário da administração municipal, talvez importe mais mostrar a Casa do Pequeno Cidadão como um projeto de resultados.[8]

Refiro-me à seletividade do trabalho voluntário adaptado aos
objetivos *políticos* da instituição e à falta de incentivo de atividades propostas pelos próprios meninos usuários do projeto. Uma
das propostas rejeitadas, durante o período em que convivemos na
Casa, foi o trabalho voluntário de um integrante do movimento
hip-hop local, importante para se refinar o gosto de alguns meninos por músicas do estilo rap; sentimos também falta de respaldo
institucional para apoiar a iniciativa de um mestre de escola de
samba que contatamos para dar continuidade à formação de uma
Banda Bate Lata, nos moldes do projeto Olodum, na Bahia, inicia-
da precariamente em uma das oficinas realizada.

O que nos causou particular estranheza foi a presença diária
de dois policiais uniformizados e armados na Casa. Indagados sobre
as razões de tal presença, justificaram que "é para mudar a imagem que os meninos têm da polícia, para pôr ordem, evitar brigas
e também para a segurança deles". Perguntamos a um dos policiais
se havia ocorrido algum fato de violência ou ameaça que justificas-
se tal medida de segurança, e ele nos respondeu que "não, mas é

---

8 Críticas como estas poderiam ser evitadas caso se coibisse a venda de objetos
   feitos pelos adolescentes, a exemplo de um projeto direcionado à recuperação de infratores que conhecemos na cidade de Barcelona.

para prevenir que alguém venha tirar à força um menino da Casa, porque têm uns que estão metidos com droga", complementando que tinha mais um da polícia, "encostado da Banda militar" [de música], que também prestava serviços para a Casa. Pareceu-nos que a presença dos policiais supriam, na realidade, a falta de mais educadoras sociais, uma vez que, como ressaltamos, trabalhavam apenas duas no final do ano de 2000. Registre-se, também, como outro problema a ser considerado, a quase total ausência de educadores sociais do sexo masculino que atuam no projeto Casa, sobretudo porque a maior parte dos atendidos é formada por meninos. Havia apenas um educador, entre aproximadamente vinte educadoras que trabalhavam nas seis unidades do projeto.

OS EDUCADORES, OS MENINOS E A CASA

Muito do que conseguimos observar quanto às representações dos educadores sociais sobre o projeto Casa, a respeito dos meninos atendidos e também acerca do trabalho-que realizam, foi fruto de anotações no diário de campo e do registro de conversas informais, feitas ao longo dos cinco meses em que participamos semanalmente do cotidiano de uma das unidades do projeto, e em visitas esporádicas realizadas em outras unidades. Sentimos que havia resistência em nos conceder entrevistas, o que foi prontamente aceito por nós, compreendendo o receio de algumas educadoras quanto a possíveis admoestações de superiores.

Em conversas informais, observamos que os pontos negativos que sinalizavam insatisfação com o trabalho referiam-se basicamente ao baixo salário, ao excesso de trabalho e à necessidade de mais profissionais, à falta de cursos de capacitação para desenvolverem atividades diferentes e atrativas para os meninos, à falta de uma orientação psicológica para os educadores (alguns diziam sentir insegurança no desempenho da função) e à necessidade de mais reuniões com a coordenadora da Casa, uma vez que estas se davam apenas com o intuito de passar novas informações da Secretaria do Bem-Estar ou quando demandadas por um problema grave ocorrido em relação a algum usuário do projeto.

Não obstante algumas críticas à instituição, as representações dos educadores sobre a CPC são, em geral, positivas. Destacaram o apoio dado às famílias, mediante doação de cestas básicas, e o reforço escolar oferecido às crianças, como se pode observar no trecho da entrevista realizada com uma educadora, que transcrevemos a seguir.

Foto: Júlio, 15.

"Amigo tá ali, dando a maior força. Se você tá fazendo coisa errada, eles falam."

P: Como você avalia o projeto CPC?
R: É um projeto muito bom porque as crianças que não têm apoio em casa, aqui tem quem ajude fazer tarefa e também pode participar do coral, da dança, da fanfarra, jogar futebol e não ficar sozinho em casa ou na rua aprontando ... Todos, quando a mãe vem pra reunião também recebem uma cesta básica...
P: Eu já ouvi algumas críticas ao projeto, por parte de crianças que freqüentam a Casa. Você acha que as crianças, em geral, gostam das atividades oferecidas?
R: Acho que às vezes elas se cansam de tanta apresentação de coral ... por isso que tem tanto entra e sai de meninas no coral, na dança...
P: O que falta, na sua opinião, para o projeto melhorar?

R: Faltam recursos, e também trabalhar com a família, porque aqui a criança tem de tudo, ela chega em casa, e daí? ... Se a criança tá com problema, tá agressiva, só quando você vai na casa, olha onde ela dorme, o que ela come, é que você vai entender o comportamento dela. (Entrevista 1)

Nota-se uma preocupação de cunho social, por parte da entrevistada, entretanto sua avaliação do projeto parece ainda ancorada na herança assistencialista e no modelo de educação compensatória. Em outra entrevista, feita com uma educadora que trabalha na rua e em uma das unidades da CPC, as críticas ao projeto e a consciência das dificuldades do trabalho aparecem mais realçadas:

P: Como você avalia o projeto CPC?
R: [Os meninos na rua] têm medo, fogem da gente ... porque não adianta simplesmente tirar a criança da rua, sem dar uma alternativa pra ela. O menino faz um curso profissionalizante, mas só um ou outro é que arruma colocação [no trabalho] ... Falta espírito de equipe no trabalho [do educador social], a criança e o trabalho do educador não são valorizados ... Eu queria poder sentar junto com a criança, na rua, conversar, voltar outro dia, sem compromisso político ... Infelizmente, eu sei que ela não pode ficar ali, senão vem bronca pra cima da educadora. ... Não adianta trabalhar com a criança e não fazer nada com a família.
P: Na sua opinião, o que precisa mudar?
R: As assistentes sociais precisavam atuar mais nas famílias, orientando quanto à educação, dando noções básicas de higiene e trabalhando a auto-estima dos pais, para eles perceberem que podem melhorar, arrumar serviço. Se os pais estão com a auto-estima abalada como vai ajudar o filho? Os pais não conseguem ter a visão de que a escola é um caminho e incentivar o filho para estudar. (Entrevista 4)

A educadora destaca, em sua entrevista, um dos pontos vulneráveis do projeto CPC, ou seja, a dificuldade de garantir bolsa-aprendizagem e a colocação dos adolescentes no mercado de trabalho. Ao lado disso, reclama outro modelo de atuação do educador (que vá além de simplesmente "tirar a criança da rua") e enfatiza a necessidade de atuar não só com a criança, mas com a família, "dando noções de higiene ... resgatando a auto-estima dos pais". Cabe ressaltar que, não obstante a pertinência dos pontos focalizados pela entrevistada, o fundamental para se tentar reverter a situação da criança de rua não é "trabalhar com a família", mas a família ter trabalho, evitando-se mendicância ou trabalho infantil.

PERCEPÇÕES DOS MENINOS SOBRE A CASA

Considerando o que nos foi possível observar durante aproximadamente cinco meses de participação semanal no cotidiano de uma das Casas, pode-se dizer que as relações entre os meninos e as educadoras, bem como as representações deles sobre o projeto CPC, são bastante positivas. Observamos que os gestos de carinho das crianças dirigidos às educadoras e de adesão às poucas atividades propostas eram mais freqüentes do que os xingamentos e a recusa em participar delas.

Foto: Tim, 15.

"Escolhi pra mostrar as medalhas que ganhei nos jogos da CPC."

Foi possível observar as representações dos meninos sobre a Casa nas entrevistas e, também, em várias oficinas realizadas. O apreço que alguns tinham pela Casa e pelas educadoras ficou patente no registro fotográfico de várias delas, feitas para "guardar de lembrança".

Além das fotos-testemunho da convivência deles na Casa, que queriam guardar, as respostas dadas pelos sujeitos em algumas oficinas também foram indicativas do valor que a Casa e as educadoras têm para alguns deles, como pode ser notado nas considerações feitas a seguir.

Na oficina "Se você fosse... um lugar", um dos respondentes escolheu a CPC, o que denota a significação da Casa para ele. As demais respostas foram: paisagem, Country Club, McDonald's.

Na oficina "Raio X", especificamente no item "pessoas que eu admiro", outro dos treze respondentes escolheu uma das educadoras para seu *eu-ideal*; as outras pessoas escolhidas foram: colega (2), namorada (1), mãe (3), irmã (1), a pessoa mesma (2). Na oficina "Representações gráficas sobre a escola", em que foram solicitados, primeiro, a representar graficamente o clima de suas salas de aula e, em seguida, fazer o mesmo exercício em relação a outro grupo ou instituição (que poderia ser o grupo de amigos, a família, a igreja ou a CPC), entre dez participantes, quatro escolheram a "família" e três a CPC para contrapor ao clima da sala de aula, identificado majoritariamente como "uma bagunça" (ver "Tabela de Respostas" da Oficina "Representações gráficas sobre a escola").

Foto: Tom, 13.

"Escolhi esta porque eu nasci na fazenda Cascata."

Também na mesma oficina, que tratou de fazer uma enquete a respeito de sentimentos, preferências, valores etc. dos participantes, a Casa figurou como "programa legal" no protocolo de dois participantes e as demais respostas foram: futebol (3); ouvir/cantar rap (2); artes marciais (1); TV (4); sair, brincar, paquerar (1). A Casa também foi usada para indicar o que é "felicidade" para dois participantes; as outras respostas foram: viver (1) família (3), casar (1), "quando eu comer as *coxinhas* da..." [resposta de interesse sexual] (1), respostas em branco (3).

Nas entrevistas, procuramos saber quais as atividades do projeto que eles preferiam, bem como as sugestões para a Casa ficar melhor. As atividades escolhidas foram: esporte (4), artesanato (2), cantar no coral (2), cortar cabelo dos colegas (1).

Quanto às sugestões para melhoria da Casa, as respostas foram:

Tom: "campo grande de futebol e mais coisas para fazer, porque ficar jogando bola o dia todo, não dá".

Tim: "voltar a ter tae-kwon-do".

Amanda: "fazer teatro, tirar foto".

Dalila: "falta mais pulso da coordenadora, ela é muito boa, as pessoas não têm respeito porque misturam amizade com liberdade. Mais esporte, futebol, coral, leituras, gostei das suas aulas" [alusão às oficinas que desenvolvemos].

Elomar: "ter mais cursos e coisas para fazer. O concurso de cartão de Natal foi legal, eu fui classificado e ganhei uma bicicleta; tirar foto, aprender coisa nova, não ficar todo dia naquela mesma coisa".

Gil: "ter grupo de rap e fazer apresentação do grupo, fazer acampamento, passeio, ter sempre brincadeiras".

Cido: "tirar foto".

Sem sombra de dúvida, os depoimentos acima testemunham o quanto o projeto Casa é um suporte afetivo-educacional importante para organizarem suas vidas. Amanda, 12 anos, foi uma das entrevistadas que mais claramente se reportou a esse aspecto, ao ressaltar o valor que a rotina de atividades da Casa tem para ela: "o que eu mais gosto é quando a gente chega, brinca, depois vai comê, escova os dente, uns vão fazê tarefa, outros vão pro coral...".

Entretanto, como se nota também nos depoimentos, além do apoio organizativo para suas vidas, os usuários querem mais do projeto CPC: mais esporte, teatro, rap, leituras, fotografia, acampamentos, concursos artísticos etc. Sentem necessidade de afirmar seu potencial criativo e reflexivo, desejam "aprender coisa nova, não ficar todo dia naquela mesma coisa"; no fundo, reivindicam um suporte educacional amplo para aprenderem a viver, que vá muito além do apoio recebido nas tarefas escolares ou em técnicas de decorar tabuadas. Nas falas desses meninos há um pedido para que sejam respeitados como "sujeitos de direitos", tal como está escrito no texto do Estatuto e conforme os novos saberes educacionais defendidos em documentos da Unesco para o nível de ensino básico: aprender a conviver com respeito e ajuda mútua e não apenas aprender as quatro operações matemáticas (Delors, 2000).

Eles disseram, quando entrevistados, terem gostado de nossas "aulas" (que na realidade correspondem às oficinas de música, fotografia, teatro etc.), porque essas vivências de *pertencimento,* das quais participaram como grupo, de certa maneira transgrediam a oficialidade do que é aula.[9] Por meio de esquetes teatrais, colocamos em cena (e refletimos conjuntamente) aspectos da violência social contemporânea – drogas, furtos, mendicância nas ruas – até então intocados; nas oficinas de fotografia e música foram acolhidos seus desejos de guardar uma lembrança na foto, de "bater lata" e compor rap, e assim foram afinando seus olhares para enxergar a si mesmos, os problemas sociais e, sobretudo, satisfazendo a necessidade que todos temos de *pertencer.* Como nos advertiu Clarice Lispector em uma das suas crônicas, "a vontade intensa de pertencer vem em mim de minha própria força – eu quero pertencer para que minha força não seja inútil e fortifique uma pessoa ou coisa" (1992, p.111).

Ficou marcante nas entrevistas e respostas à enquete "Raio X" o interesse deles (de meninos e meninas) por futebol e outras modalidades esportivas, bem como o gosto esfuziante da maioria por música, "bater lata" e canto. Apenas o canto coral é incentivado, e os participantes têm agenda repleta de compromissos com apresentações do Coral da CPC nos eventos municipais, sobretudo quando se aproximam as festividades natalinas. Alguns coralistas

---

9   Transgredir é o pedido de arte-educadores, como Antonio Nóbrega, o qual assim se posicionou em uma entrevista dada à revista *Pátio* (1998-1999).

não deixam de expressar nas apresentações certo ar de cansaço junto com orgulho e vergonha, quiçá constrangimento, por perceberem que são portadores de um estigma: criança (pobre) da Casa do Pequeno Cidadão.

A exposição desses meninos a situações estigmatizadoras poderia ser mitigada se, ao lado de apresentações coletivas de dança, canto coral etc., também se desse oportunidade a eles de desenvolvimento individual de seus interesses artísticos, esportivos ou profissionais.

Para tanto, haveria necessidade de mais esforços conjugados entre poder público, empresários e comerciantes, tendo em vista apadrinhar esses meninos, viabilizando um maior número de bolsas-aprendizagem em escolas particulares de dança, informática, futebol etc., a exemplo de um projeto subvencionado pela Cáritas espanhola, que tivemos oportunidade de conhecer na cidade de Barcelona, em 1998. (A esse propósito cabe registrar a alegria de Adilson, 15, ao ser convidado para treinar na escola de seu ex-professor de tae kwon do, que havia ministrado voluntariamente aulas na CPC durante alguns meses.) Infelizmente, o trabalho voluntário é também *trabalho explorado*, em nosso país; é exercido sem apoio, sem cursos para capacitação prévia dos voluntários etc.

Foto: Gil, 15.

"Quis mostrar o abandono da rua. Passava sem ver esses problema."

No decorrer da pesquisa, ao estreitar relações com meninos que trabalham nas ruas de Marília, soubemos que recebiam cestas básicas de empresários voluntariosos da cidade, todavia os mesmos não contribuem com o fundo municipal destinado à política de atenção à infância, conforme previsto no ECA, o que revela a desarticulação existente entre Conselho de Direitos da Criança, empresários, poder público etc.

CONSIDERAÇÕES FINAIS

Os meninos em situação de rua ganharam maior visibilidade no país e mais atenção dos órgãos públicos, de entidades e organizações não-governamentais, posteriormente à aprovação do ECA em 1990, em razão do qual passou-se a exigir que a criança fosse tratada como "sujeito de direitos", garantindo-lhe escola, proteção da família e da sociedade. Mas o que assistimos, via de regra, é a defesa do slogan publicitário "lugar de criança é na escola" (sem que mudanças substantivas estejam sendo feitas para a criança sentir-se acolhida pela instituição escolar), acompanhada de uma vigilância dos órgãos públicos para "tirar as crianças da rua", não raras vezes usando o próprio ECA para ameaçar os pais, considerados negligentes.

Sabemos que pouco adianta tentar mudanças, por força da lei, por meio de um estatuto considerado exemplar para outros países; há que se mudar a mentalidade das pessoas, redimensionando a compreensão do problema e levando a efeito práticas consistentes de atenção à infância de risco. Por muito tempo e ainda hoje permanece disseminada no imaginário social a idéia de que a fixação de crianças e adolescentes nas ruas é conseqüência inexorável da miséria ou da desagregação familiar, fruto da vagabundagem ou da irresponsabilidade dos pais. Trata-se de uma ideologia perversa que não cansa de ofender e humilhar os excluídos e, não raras vezes, apoiada em pseudopesquisas que relevaram exclusivamente aspectos de efeito moral.

Essa visão limitada a causas unívocas do problema crianças e adolescentes em situação de risco social e pessoal[1] tem contribuído para o conformismo da sociedade e para a sua naturalização, ou seja, pode reforçar nas pessoas a idéia de que criança pobre tem que trabalhar mesmo, não há outro jeito; além de levar os órgãos competentes à inoperância, pois se o problema remete a causas estruturais profundas e de difícil solução seu enfrentamento exigiria primeiro erradicar a miséria, para depois se pensar no que fazer com as crianças que estão no olho da rua.

Visando contribuir com reflexões e paradigmas de análise que ampliassem a compreensão das razões que levam meninos a se fixarem nas ruas, buscou-se estofo teórico e interpretativo, sobretudo na psicanálise, embora não de maneira exclusiva. Em particular, recorreu-se a alguns textos freudianos, kleinianos e às contribuições de psicanalistas mais recentes, como Joel Birman, Jurandir Freire Costa e Contardo Calligaris, entre outros, que nos permitissem enlaçar a compreensão da condição desses meninos de viver na rua a diferentes manifestações da violência presente na sociedade contemporânea: a violência das profundas desigualdades sociais e das regras da globalização que regulam não só as relações econômicas, mas também as afetivas, pautadas no lucro e no axioma de *levar vantagem em tudo*; a violência da intolerância à diversidade étnica, social e cultural, que atiram no limbo da indiferença o *outro*; a violência de termos como modelo adulto de identificação mais provável para os meninos que vivem na rua o contraventor bem-sucedido; a violência da injunção nas relações familiares e humanas atuais do tipo de amor narcisista, que faz narcisos acharem feio os meninos que não são espelho.

Ao lado das incursões teóricas, entrevistamos educadores sociais, lideranças comunitárias e nos aproximamos do cotidiano de meninos, vivido nas ruas ou em uma das unidades do projeto muni-

---

1 Nomenclatura atualmente utilizada para se referir aos meninos com e sem vivência de rua.

cipal Casa do Pequeno Cidadão, existente na cidade de Marília, desde 1997, realizando oficinas e criando com eles um espaço continente à escuta de seus sonhos, problemas e vontades, no qual pudessem exercitar o desejo humano de pertencer, reconhecendo que, para além do reforço escolar, das aulas de artesanato, da dança, do coral e demais atividades oferecidas pelo projeto, o espaço da Casa era um importante alicerce para a formação de suas subjetividades e, nesse sentido, se deveria ocupá-lo enquanto um local privilegiado para o diálogo aberto sobre escola, família e também para a reflexão de problemas sociais comuns a eles, como a falta de ter o que fazer nas favelas onde em geral moravam, consumo de drogas, mendicância e trabalho de meninos nas ruas etc.

Ao longo dessa convivência, de aproximadamente cinco meses, uma vez por semana, com um grupo formado por três meninas e oito meninos, de idade entre 11 e 16 anos, realizamos várias atividades na Casa. Às vezes atividades muito simples, de lápis e papel, como responder a enquetes sobre eles mesmos, brincarem de repórteres, entrevistando uns aos outros, como nas vivências "Se você fosse..." ou na "Raio X" e, outras vezes, oficinas mais elaboradas de música, teatro e fotografia.

Nem sempre as oficinas (descritas nas páginas finais do livro) eram trazidas ao grupo já prontas; o importante era ir construindo com eles um espaço de pertencimento, e para isso não abríamos mão de um ritual em nossos encontros: a roda de conversa inicial e a avaliação feita no fim de cada experiência compartilhada no grupo, para ir se firmando entre nós a possibilidade de criarmos um grupo permeável às suas expressões e interesses. Assim, apesar da resistência de algumas pessoas da Casa, houve no grupo momentos de acolhida ao desejo de alguns de fazer rap[2] e também de

---

2 Em conversa informal com uma técnica, sua discordância em relação a respaldar o interesse por rap era porque na sua opinião "rap só fala de violência", entretanto não pretendíamos negar a violência, mas encontrar canais para sua reflexão através do teatro, da música etc. Obviamente, o trabalho educacional alternativo exige disposição do educador ou pesquisador para inventos, porque não há receita; como aprendi com Manoel de Barros (2001, p.17), em um livro de poemas para crianças, "Quem não tem / ferramentas de / pensar, inventa".

formar uma Banda Bate Lata. Para isso participaram ativamente, trazendo de casa diversos tamanhos de latas vazias de tinta, cascas de coco, latinhas para fazer chocalho com arroz dentro, garrafas com diferentes níveis de água para fazerem a escala musical etc. Faltou apoio da Casa a ambas as iniciativas: aos rappers (que gostariam de ter feito uma rifa para comprar aparelho de som e ensaiar nos finais de semana) e à Banda, que não teve continuidade por falta de apoio financeiro a um voluntário de escola de samba que ensaiasse o grupo.

Acolher o interesse (do latim, *inter esse*: o que está entre vários) desses meninos de escrever rap e tirar som de latas significava para eles um contraponto às atividades de rotina da Casa. Iam aprendendo a trocar o tempo da constrição e obediência àquilo que vinha pronto e acabado pelo tempo da construção em grupo de algo a ser feito: um exercício da fome adolescente de pertencer, que exigia concentração, silêncio e respeito à vez do outro para concretizar uma dramatização, chegar a uma harmonia musical ou a um canto criado junto. Mesmo que o barulho da percussão e o conteúdo violento dos raps criados por eles incomodassem o ouvido de alguns profissionais da Casa, era importante não perder de vista que muito mais violento é o viver na rua. Como bem lembra a psicanalista Tânia Ferreira:

> A rua é, essencialmente, um lugar de perdas. Perde-se ... a vivência do silêncio, sendo jogado num mar barulhento. O barulho dos carros, das buzinas, das máquinas, das sirenes, das batidas, torna-se agressivo. A voz dos trovões ralha nas tempestades sem teto dos abrigos improvisados. (Ferreira, 2001, p.35)

Apesar da animação ter sido grande com as oficinas de dramatização e música, as que os entusiasmaram mesmo foram as de fotografia; cremos que também foram as mais significativas enquanto instrumento para se conhecerem, lançarem um olhar novo sobre suas vidas, a experiência familiar ou vivida no cotidiano do projeto Casa. Primeiro, fizeram uma série de fotos com o tema "Quem sou eu?" – experiência desafiadora para a maioria deles, que suscitou a dor guardada na lembrança de alguns, como Elomar, 13, que gostaria de ter tirado uma foto da mãe, morta quando ele tinha 8 anos, e Gil, 15, que também se ressentia de não ter uma foto do pai, desaparecido desde que o menino tinha 3 anos de idade.

Essa série de fotos foi importante para reforçar os laços com familiares e educadoras, presentes em várias fotos tiradas para "ficar de lembrança", fazendo emergir figuras importantes da memória afetiva de cada um, focando lugares que habitavam, bichos e objetos estimados. Apareceram muitas fotos de cachorro, dos quintais e terrenos baldios que servem de palco a traquinagens, de paisagens e horizontes bonitos avistados dos barracos onde moravam, de medalhas douradas ganhas nas competições esportivas feitas na Casa.

Posteriormente, os meninos fizeram a série "Fotos do bairro e da cidade", ocasião em que se exercitaram a ver com outros olhos os espaços onde vivem ou viveram (como Tom, que fotografou com esmero a represa Cascata, porque foi nesse bairro que nasceu); também puderam aguçar seus olhares para os problemas sociais (como Elomar, que fotografou um prédio em construção para mostrar "o desemprego, que é muito grande" ou Júlio, que fez uma foto de casa de "playboy" para contrastar com outra, "de pobre"); ou refletirem com o auxílio da fotografia o estado atual de degradação da escola (como Tim, que pediu ao colega para ser fotografado em sua carteira, no fundão da sala de aula, e todos do grupo ao verem a foto ficaram espantados com o grande número de pichações na parede da sala, antes não percebidas).

As fotos foram importantes para nós, participantes do grupo, nos exercitarmos na relação crítica e ao mesmo tempo prazerosa com o autoconhecimento e o conhecimento da realidade, mediante nossa troca de olhares. É que a fotografia, como enfatiza Barthes (1984), é um produto da visão de realidade privilegiada pelo fotógrafo, mas que ao ser olhada, também tem o olhar de quem a vê, ou seja, uma foto é perpassada pelo duplo olhar das pessoas incluídas nesse ato de ver: a pessoa que fotografou (o que colocou em cena, ângulo de visão, distância etc.) e a pessoa que a vê, segundo seu próprio ponto de vista e interesses na interpretação da foto.

As oficinas, não somente as de fotografia, foram permitindo, enfim, aproximar o foco de nossa atenção à realidade de cada menino participante da pesquisa e também do cotidiano vivido pelos educadores sociais no exercício de sua função, nas ruas ou no projeto Casa. A propósito, torna-se importante reconhecer o quanto uma atividade simples, como responder à enquete "Raio X", abriu portas para se penetrar na subjetividade dos meninos, facilitando a Dioniso, por exemplo, que exprimisse seu desejo de transar e falasse de seu problema com fumar maconha, questões tabu e sem muito espaço para discutir na instituição.

Uma vivência ou oficina, ao contrário das tarefas de apoio escolar e demais atividades rotineiras, requer muito mais, não só de quem a coordena, mas de todos os participantes, porque exige um aprendizado, nada fácil, de estar com os outros. De nossa parte, especialmente, demandava que fôssemos costurando e ressignificando o que cada um dos meninos diziam e também seus silêncios, gestos, olhares... para reforçar o tecido de suas relações intersubjetivas já bastante roto, pelo atrito violento de suas vidas nas ruas, e tentar preencher, de alguma forma, o vazio de futuro que a muitos espreita. Exigia uma paciência e cuidado "de mestre" ao se puxar um fio de conversa ou uma lembrança esquecida nas suas memórias esgarçadas pela prisão do presente, habilidades necessárias para não se correr o risco de desmanchar o que ainda lhes restava de sonhos e desejo de cidadania.

Não se pretende, com observações como essas, criticar os educadores ou demolir o que o projeto municipal Casa do Pequeno Cidadão vem construindo em Marília, ao contemplar, conforme dados veiculados em abril de 2003, o atendimento de aproximadamente mil crianças e adolescentes vulneráveis à violência da exclusão escolar, familiar e cultural, no sentido amplo. Todavia, é fundamental reconhecermos a importância de se ampliar a esses designados "pequenos cidadãos" suas possibilidades para escolher, decidir, pensar junto, já que as chances de serem efetivamente cidadãos ativos, no contexto mais amplo da sociedade, lhes são ainda mais restritas comparativamente aos "pequenos da classe alta".

A luta pelos direitos da cidadania deve ser entendida como um processo que envolve permanente busca, que implica o sentimento de ser valorizado, ser parte e pertencer aos espaços habitados (lembrando que *habitar* implica a formação de hábitos).

O projeto Casa é, nesse particular, reconhecido pela maioria dos meninos como uma força que dá prumo às suas vidas e lhes oferece uma rotina diária importante para organizar os afetos, situar-se no mundo; no entanto, a rotina institucional, muitas vezes sem que percebamos, também impõe um silenciamento às perguntas do sujeito, impedindo-o de colocar suas próprias idéias, de exercitar seus direitos. É que ser cidadão, sem sombra de dúvida, é uma luta constante por mais direitos, como pontua Marilena Chauí:

> Somos pessoas cidadãs e sujeitos de nossos direitos, não quando... as mesmas leis e as mesmas regras de justiça, criadas por outros em nosso nome, são aplicadas indistintamente a todas as pessoas. Somos livres, cidadãos... quando atribuímos a nós mesmos o direito de criar e recriar continuamente nossas próprias leis. (1995, p.46)

Sabe-se que muito embora o ECA tenha garantido às crianças e aos adolescentes os direitos de ser educados e protegidos pela família e pelo Estado, seus direitos políticos (que implicam a liberdade de escolha e a tomada de decisões, para se dizer o mínimo) estão ainda longe de lhes serem assegurados. É que ainda subsiste uma mentalidade entre nós, que escapa ao nosso controle consciente e individual, alicerçada em concepções historicamente construídas sobre a infância e os infantes (do latim: *in fante*, o que não tem fala) e amparada, inclusive, por teorias psicológicas do desenvolvimento infantil, como alerta a psicóloga Lúcia Rabello (2001), cujo desmantelamento pertence a um tempo histórico de longa duração, exigindo explorar os infanticídios reais e simbólicos que cometemos ontem e ainda hoje; demover o adultocentrismo, o narcisismo e o medo do outro, sedimentados na cultura contemporânea, objetos de análise dos dois primeiros capítulos deste livro.

Para se avançar na construção da cidadania desses meninos, é importante que a instituição que os acolhe, mais do que antecipar respostas às suas demandas, dando comida, reforço escolar, oferecendo atividades esportivas etc., acredite no que têm a dizer, os estimule a perguntar para si mesmos e ao mundo os porquês de suas vidas "severinas". Nesse sentido, é importante que a instituição desloque o foco de seu interesse pela clientela atendida, crescente, a cada ano, para centralizar o *sujeito* do atendimento; que mude o acento de suas ações, deixando de *ser sede* de suposto saber sobre os meninos atendidos e suas respectivas famílias, para *ter sede* de saber. Refiro-me especialmente ao suposto saber contido nas fichas das famílias, nos prontuários dos meninos, armazenados na burocracia da instituição, que mais servem ao poder de controle institucional sobre suas vidas do que propriamente a um saber construído pelos meninos e a um poder praticado com seus educadores, que possa abrir brechas ao desejo... e aprender a diferenciar, na gramática do viver junto, o uso da palavra "poder", enquanto substantivo, do "poder" como verbo auxiliar, conjugado com outro: eu posso fazer, posso querer etc., importante diferença para se avançar na construção da cidadania de todos.

Tais mudanças de enfoque institucional exigem também que o educador renuncie ao seu papel meramente técnico, ou de representante da instituição onde trabalha, e ocupe um lugar ético, a partir do qual possa assumir uma atitude de *escuta do sujeito*. Escuta viável para o educador capaz de demover a culpa social internalizada ao longo de séculos de reprodução do assistencialismo, que barra o acesso a uma "fala" verdadeira (Dolto, 1980); viável àquele educador que, em vez de preocupar-se com o que ele e a instituição podem fazer pelos meninos, ocupe-se das saídas que os meninos mesmos encontram para os seus problemas, sabendo que na maioria das vezes têm que abrir saídas na cabeçada e ficam de cabeça quente, o que é inevitável para muitos deles, com precisão psicológica de esconder suas feridas e seu passado, de cortar relações familiares e de viver no anonimato, por medo de ajuste de contas com traficantes ou de ir parar na Febem.

Escuta do sujeito, possível, enfim, ao educador que em vez de olhar (zelar) esses meninos, se interesse pelo olhar perscrutador que lhe dirigem, que, no lugar de falar por eles, ouça o que têm a dizer sobre seus medos, problemas e sonhos, sobre a vida na rua, a escola ou sobre o projeto Casa, terreno privilegiado de nossa pesquisa, que nem sempre faz jus, apesar dos esforços dos educadores vinculados ao projeto, ao espaço poético que o filósofo Gaston Bachelard (1986) denota ao referente "casa": espaço de intimidade, que abriga o sujeito das intempéries da vida anônima no espaço público, sendo do "uma das maiores forças de integração para os pensamentos, as lembranças e os sonhos do homem" (p.32). Para se rumar no sentido de os meninos irem conferindo ao projeto Casa valor de intimidade e de espaço abrigado, nos parece ser importante que não se tenha pressa em adaptá-los ao novo hábitat; afinal, quando nos mudamos de casa, levamos um tempo para nos familiarizarmos com a estranheza do lugar e nos tornarmos íntimos das coisas, das pessoas vizinhas.

Ocupar esse lugar ético, a partir do qual se possa assumir a escuta do outro, aqui entendida como uma disposição livre para ouvir, sem que atribuamos seletivamente representações específicas ao conteúdo ouvido, exige, sem dúvida, elaboração psicológica de conflitos pessoais. Conflitos por vezes desencadeados no próprio exercício dessa função de educador social, ainda muito recente em nosso país, ao enfrentar inevitavelmente seu próprio desamparo psíquico e também profissional, diante desses meninos abandonados à sorte nas ruas ou perante os impasses quanto ao que fazer com a rebeldia sem limites de alguns, sem deslizar para um papel educativo repressor ou de acolhida resignada, tão pernóstico quanto a nossa humanização, mais que nunca demandada nestes tempos de humanos desumanizados, de muita cólera, medo e intolerância à diversidade.

Não se pretende, com estas observações, psicologizar o campo de trabalho dos educadores sociais, mas dar corpo às suas reivindicações de mais estofo teórico e ferramentas de trabalho para que possam abordar as dificuldades que encontram cotidianamente. Nas entrevistas realizadas, eles se queixaram da ausência de supervisão de psicólogos ao trabalho que desenvolvem; da carência de oportunidades de discussões aprofundadas e sistemáticas em relação aos problemas emergentes entre eles e com os meninos; da falta de tempo para realizar um trabalho educacional alternativo, sem urgência de tirar o menino da rua e fixá-lo no projeto, na escola ou na família. Percebemos, às vezes nas entrelinhas dos depoimentos de alguns educadores – hoje participantes de novos projetos, em outras cidades, inclusive –, bastante comprometidos eticamente com o trabalho, um apelo para que não ficassem sós em seu pensar e em seu querer mudanças, desafiados que foram, de alguma forma, pelas vivências realizadas com os meninos, a aprenderem mais a ver, na ausência de voz; a escutar, na falta de "luz"; e a agir, no lugar de apenas sentir dor.

Finalizando, cabe ainda pontuar algo do que nos foi possível compreender da articulação entre as subjetividades dos meninos com os quais trabalhamos e a violência presente na cultura contemporânea, chamada por alguns de "invisível", porque não há o sujeito que a pratica: a violência da infância negada para os que trabalham ou mendigam, a violência da exclusão escolar, do narcisismo prevalecente nas relações humanas, da intolerância à diversidade, entre outras, analisadas ao longo da tessitura de argumentos construídos na pesquisa, com base nas entrevistas, observações registradas em nosso diário de campo e durante as oficinas realizadas.

Importante sublinhar que, assim como há vários aspectos da violência da cultura que interferem na determinação do viver nas ruas, também há diferentes "lugares" sociais distintos e variáveis, segundo as circunstâncias, que esses meninos poderão vir a ocupar: de trabalhador arrimo de família, de anti-herói, objeto de desejo, vítima, de "fora da escola" e da lei, sonhador consumista, lugares que podem ser não excludentes entre si e que são, em última instância, sustentados por todos nós.

Há os que ocupam o lugar de *arrimo de família*, premidos pela necessidade de ajudar no orçamento, como Adilson, que já foi "calango" (servente de pedreiro), Gil, que faz bicos como garçom etc. Entre os que tiveram sua infância negada pelo trabalho precoce, o exemplo mais gritante foi o de Belmiro, 13, que há seis anos trabalha como engraxate juntamente com sua irmã Bela, 15. Apesar da pouca idade, Belmiro ocupa o lugar de provedor do sustento da família, um lugar ao qual parece não se resignar[3] mas que, no entanto, é sustentado perversamente pelos presentes ganhos – inclusive cesta básica – de seus clientes fixos (profissionais liberais, empresários e comerciantes estabelecidos no centro da cidade) que o admiram, segundo ele mesmo, porque "não rouba, é bonzinho [é loiro e tem grandes olhos verdes] e caprichoso no serviço".

Às vezes Belmiro se furta de ocupar o lugar de menino prodígio e se lança entre os sonhadores consumistas, não deixando por menos: seu sonho é ser "dono de firma de carro importado". Entre os que ocupam o *lugar de consumistas*, o exemplo mais provocativo foi o de Talião, 12, em cuja resposta à enquete "Se você fosse... um lugar", lemos: "McDonald's". Também Amanda, 12, que freqüen-

---

3   Como deixou transparecer em sua entrevista: "Se minha mãe arrumasse serviço, eu que ia ficá em casa tomando conta dos meus irmão".

ta o projeto CPC há um ano e não está mais nas ruas, deixou entrever em sua entrevista que gostava desse lugar, lembrando com nostalgia do tempo em que "pedia na rua e se queria alguma coisa [bolacha, salgado] já comprava". Tom, 13, é outro que parece ter pressa em ocupar o lugar de consumista: "crescer rápido" é seu desejo, conforme respondeu na enquete "Raio X".

Torna-se importante reconhecer que Talião, Amanda e Tom apenas representam o desejo de todo adolescente, porque é esta a lógica da sociedade de consumo: o adolescente não se resigna mais à moratória que lhe é imposta como transição para a fase adulta. Sobretudo para os adolescentes excluídos, como Tom, interessa *crescer rápido* para poder desfrutar do que ele imagina que, quando adulto, terá: fama, poder e glória. Nessa mesma linha de raciocínio, pode-se cogitar que talvez não interesse tanto a Belmiro o dinheiro que ganharia sendo empresário no setor automobilístico, mas o valor do estigma "carro importado", destilando em seu sonho o que é fundamental na sociedade de consumo: a busca inalcançável do objeto de desejo, para nos fragilizar a um ponto de insatisfação perene e nos impulsionar a consumir cada vez mais.

Conquistar glória e fama, sendo *objeto de desejo* é o lugar que muitos deles gostariam de ocupar, ao apontarem Ronaldinho, Romário, Sandy e outros artistas, na enquete "Se eu fosse...", como pessoas que gostariam de ser, e também ao sonharem com as profissões de cantor e jogador – escolhidas pela maioria na enquete "Raio X".

Na realidade, não buscam identificar-se a essas pessoas, mas aos personagens fabricados pela mídia ou pela indústria do futebol, uma vez que todos exibem carro importado, mansões e mais que tudo isso: reconhecimento social. Esse foi um pedido explicitamente feito por Adilson, 15, que trocou o trabalho de servente de pedreiro pela cesta básica e cinqüenta reais mensais recebidos por freqüentar o projeto CPC, apesar de sentir-se incomodado com o peso do estigma *menino da CPC*.[4]

Exemplos afirmativos do desejo de ocupar o lugar de *objeto de desejo* podem ser entrevistos nas respostas auto-referidas de

---

4 Adilson comentou em sua entrevista: "Eu queria ser reconhecido, valorizado... se a gente entra no supermercado e tá com a camiseta da CPC, eles pensa que a gente vai roubá".

alguns à enquete Se eu fosse... uma pessoa importante e à oficina "Raio X";[5] no sonho de Camila, 13, em ser modelo; na atitude de Tim, 14, que se autofotografou e legendou sua foto com a frase: "Eu sou bonito". Novamente cabe lembrar que essas respostas colocam em cena o desejo de qualquer adolescente, que é o de ter visibilidade; talvez apenas possam exaltá-lo de forma mais franca, na proporção inversa ao sentimento de *menos-valia* que poderão ter internalizado. (A necessidade extrema de ocupar o lugar de *objeto de desejo*, para sentir-se pessoa importante, poderá levar algumas crianças e adolescentes a vender o corpo na rede de prostituição infantil, oferecendo-se como garoto/a de programa.)

Às vezes, Tim parece querer migrar para o lugar de *revoltado e fora-da-lei* pedindo aos seus amigos, por exemplo, para ser fotografado no "fundão da classe", sozinho e ladeado de pichações na parede da sala de aula, feitas por ele mesmo. Tim divide o lugar de fora-da-lei com Gil, 15, e Dioniso, 11 (que apontou o uso de drogas como o seu problema [já resolvido], na enquete "Raio X"), e inúmeros outros do grupo, que escolheram fotografar as pichações do portão e do muro da escola que freqüentam.

Quanto à ocupação do *lugar de revoltado*, cabem a nosso ver algumas observações. Esse lugar pode responder a uma insatisfação real com a escola, sabidamente distante de seus interesses imediatos ou de formação profissional; também pode estar sendo reforçado pelo desrespeito às figuras de autoridade (e aí se incluem os policiais, professores e pais), valor que vem sendo cultivado em nossa sociedade, talvez em parte como uma reação aos duros anos de ditadura militar no Brasil. Além disso, deve-se esperar alguma dose de rebeldia dos adolescentes, em um mundo regido por larga tolerância às profundas desigualdades sociais e vertiginosa intolerância às diferenças étnicas, sexuais etc. O desejo de pertencer faz parte do *ethos* adolescente desde tempos imemoriais; pode ser que a falta de ritos de passagem na nossa cultura esteja levando-os a querer criá-los com as próprias mãos, deixando suas marcas tatuadas

---

5   Na enquete "Se eu fosse...", Tom, 14, se auto-referiu como pessoa importante; Gil, Dioniso e Tim se auto-indicaram no item "pessoa que admira" da oficina "Raio X".

nos corpos, muros e nos portões de escolas, como mostra uma das fotos tiradas e preferidas pelos meninos.

O pedido de quero pertencer parece ser levado ao extremo por Raimundo, 16, ao se fixar no *lugar de anti-herói*. Entre os participantes da pesquisa, Raimundo era o único que estava morando na rua, suas demonstrações de força (portava uma faca) eram um pedido de reconhecimento, como se fossem para dizer: entrei para o caminho errado, da droga e da bandidagem porque sou homem, me recuso a ser tratado como coisa no limbo, sem reconhecimento social. O *lugar de vítima* é o lugar geralmente ocupado pelos pequenos, como Daniel, 9, que "olha carro", e sabe tirar vantagem do olhar piedoso de alguns proprietários,[6] mas às vezes Raimundo, 16, também se coloca nesse lugar, ao lamentar-se de sua condição de excluído, dizendo que não há outro jeito, senão "dormir no meio do mato" e parecendo justificar seu consumo de drogas, como se quisesse dizer ao mundo: se não há como mudar a realidade fora de mim, mudo-a dentro.

À guisa de conclusão, pode-se dizer que a pesquisa realizada não pode alcançar o entendimento de muita coisa, talvez seu alcance se equipare ao pouco que pode uma câmera fotográfica, instrumento de pensar privilegiado pelos meninos participantes, entre todos de que lançamos mão em nossas oficinas. "E o que pode a câmera? [pergunta o grande Drummond]. Não pode nada. / Conta só o que viu. / ... entretanto, / Ajuda a ver e rever, a multi-ver / O real nu, cru, triste, sujo/ ... Obriga a sentir, / A, criticamente, julgar, / A querer bem ou a protestar, / a desejar mudança" (apud Cenpec, 1998b). Enfim, pode apontar reflexões parciais, ajudar a perguntar e ser provocativa de alguns questionamentos, como os que faremos a seguir.

Em se tratando do problema crianças e adolescentes em situação de rua, sabe-se que não se faz revolução por decreto, pouco adiantando existir em nosso país um estatuto como o ECA, considerado exemplar para outros países, e mais de sete milhões de crianças

---

6   Daniel, que é irmão de Belmiro e juntos "olham carros" nos finais de semana no entorno de um shopping cujo estacionamento é pequeno, contou-nos que um dia ganhou R$ 50,00 de um só homem, que se aproximou dele, perguntando: "Se alguém te desse cinqüenta reais, o que você faria?" e ao qual respondeu: "Eu ia pra casa agora".

brasileiras continuarem ainda exploradas no trabalho, segundo indicadores sociais alardeados pela imprensa.[7] Para se tentar reverter ou pelo menos provocar o estremecimento dos lugares de "infância negada" para meninos como Raimundo, Talião, Camila, Gil, Adilson, entre outros referidos anteriormente, uma das questões fundamentais é refletirmos até que ponto as relações humanas estão sendo permeadas por uma ética de solidariedade e pelo respeito às diferenças (em termos de valores, de concepção de família, de modo de vida etc.).

Não se deveria continuar tirando o *vício* (sic)[8] dessas crianças pela rua ignorando-se o direito de ir e vir garantido na constituição e reafirmado no ECA (artigos terceiro e quarto), os quais se referem ao respeito à dignidade e à liberdade humanas. Ainda nessa direção de análise, importa considerar que tampouco adianta continuar tirando crianças e adolescentes das ruas, em nome da tradição e da ideologia familiar burguesa, sem a devida solução ao encaminhamento de adolescentes a certas unidades da Febem, que são verdadeiras casas de horrores.

• O problema é como tornar esses meninos mais seguros e confiantes em suas capacidades, para não precisarem se afirmar defensivamente no lugar de *objeto de desejo* narcísico de outras pessoas, como pode sugerir o apego de Tim à idéia "eu sou bonito" ou o desejo de Camila de ser modelo; o problema é não lhes roubar o direito ao sonho com o futuro e que possam ampliar suas escolhas profissionais para além da intenção de ser cantor ou jogador de futebol, as pretensões da maioria; o problema é fazer com que Raimundo não se sinta excluído e ache que lhe resta apenas um lugar no mundo na galeria dos anti-heróis.

• O problema é como, no lugar de trabalhar a família (dando-lhes noções de higiene e cuidado dos filhos, segundo sugeriu uma das educadoras entrevistadas) garantir trabalho para a família,

---

7   Dados divulgados pela OIT indicam uma diminuição do trabalho infantil nos últimos anos: de 1992 a 1998, o número de crianças e adolescentes de 5 a 17 anos que trabalham foi reduzido em 20%, passando de 9,7 milhões para 7,7 milhões; entretanto, a cifra é ainda considerada alarmante (Trabalho..., 2001).

8   Infelizmente, a complexa problemática aqui focalizada é ainda referida como *vício*, conforme pode-se constatar em um *kit* informativo sobre a CPC, distribuído pela Prefeitura Municipal (Projeto..., 1997)

de forma que Daniel não precise "olhar carro"; Belmiro engraxar; Gil fazer bicos como garçom; Adilson ser "calango" etc., se investindo na capacitação profissional das mulheres, já que a maioria dos participantes da pesquisa mora com a mãe e irmãos.

- O problema é fazer da escola um lugar que não seja percebido como "bagunça", que foi a representação da maioria dos participantes da oficina "Representações gráficas sobre a escola"; o problema é como exigir maior responsabilidade da mídia em seu papel formador de valores humanos; o problema é como exercer contracontrole ideológico à sociedade de consumo, exaltada na resposta de Talião, em uma das oficinas: "Se eu fosse... um lugar, eu seria o McDonald's".

- O problema é como obter a necessária articulação entre empresários, comunidade e poder público para tornar realidade as propostas consubstanciadas no ECA; o problema é garantir que a Casa do Pequeno Cidadão faça, cada vez mais, jus ao nome, considerando seus usuários efetivamente como pequenos cidadãos, e não cidadãos pequenos, interessando-se por saber o que pensam da vida, do projeto, dos educadores sociais etc., exercitando com eles a construção da cidadania; o problema é como não compactuarmos com a violência da omissão ou com indignação complacente, nos tornando cúmplices mudos de uma ordem social que consideramos injusta; o problema é não ousar abrir a janela, se dispondo a aprender que também...

> Não basta abrir a janela
> para ver os campos e o rio
> Não é bastante não ser cego
> para ver as árvores e as flores
> É preciso também não ter
> filosofia nenhuma
> Com filosofia não há árvores;
> há idéias apenas.
> Há só cada um de nós
> como uma cave.
> Há só uma janela fechada,
> e todo o mundo lá fora;
> E um sonho do que se poderia
> ver se a janela se abrisse,
> que nunca é o que se vê quando
> se abre a janela. (Fernando Pessoa, 1974, p.101)

REFERÊNCIAS BIBLIOGRÁFICAS

ABRAMOVICH, F. (Org.) *Mito da infância feliz*. São Paulo: Summus, 1982.

———. (Org.) *O sadismo da nossa infância*. São Paulo: Summus, 1982.

ADORNO, S. A socialização incompleta. Os jovens delinqüentes expulsos da escola. *Caderno de Pesquisa (São Paulo)*, n.79, nov. 1991.

ALVES, A. J. Meninos de rua e meninos da rua: estrutura e dinâmica familiar. In: FAUSTO, A., CERVINI, R. (Org.) *O trabalho e a rua*: crianças e adolescentes no Brasil urbano dos anos 80. São Paulo: Unicef/ Flacso, Cortez, 1991.

AMORETTI, R. (Org.) *Psicanálise e violência*. Petrópolis: Vozes, 1992.

ANDRADE, C. D. de. *Conto de aprendiz*. Rio de Janeiro: Edições Horizonte, 1945.

_____. *Antologia poética*. Rio de Janeiro: Record, 1996.

APTEKAR, I. Crianças de rua nos países em desenvolvimento: uma revisão de suas condições. *Psicologia: reflexão e crítica*, v.9, n.1, p.153-84, 1996.

ARENDT, H. *A condição humana*. Rio de Janeiro: Forense-Universitária, 2000.

ARIÈS, P. *História social da criança e da família*. Rio de Janeiro: Livros Técnicos e Científicos, 1981.

AZEVEDO, M. A., GUERRA,V. N. *Infância e violência doméstica*: fronteiras do conhecimento. São Paulo: Cortez, 1993.

AULAGNIER, P. *A violência da interpretação*. Rio de Janeiro: Imago, 1987.

BACHELARD, G. *A poética do espaço*. São Paulo: Martins Fontes, 1986.

BARBERO, A. Educació en medi obert a Brasil. Educació social. *Revista d'intervenció socioeducativa (Barcelona)*, v.8, p.127-39, 1998.

BARROS, M. de. *O fazedor do amanhecer*. São Paulo: Salamandra, 2001.

_____. *Memórias inventadas*: a infância. São Paulo: Planeta, 2003.

BARTHES, R. *A câmara clara*: nota sobre a fotografia. Rio de Janeiro: Nova Fronteira, 1984.

BENJAMIN, W. *Reflexões*: a criança, o brinquedo, a educação. São Paulo: Summus, 1984.

BETTELHEIM, B. *Psicanálise da alfabetização*: um estudo psicanalítico do ato de ler e aprender. Porto Alegre: Artes Médicas, 1984.

BIERRENBACH, M. I. Violência, sociedade e família: o lugar do jovem. In: LEVISKY, L. D. *Adolescência*: pelos caminhos da violência. São Paulo: Casa do Psicólogo, 1998.

BIRMAN, J. *Mal-estar na atualidade*: a psicanálise e as novas formas de subjetivação. Rio de Janeiro: Civilização Brasileira, 1999.

BOCK, A. M. M., FURTADO, M. de L. *Psicologias*. São Paulo: Saraiva, 1996.

BOCK, A. M. M. et al. *Psicologia e direitos humanos*: práticas psicológicas: compromissos e comprometimentos. São Paulo: Casa do Psicólogo, 2001.

BOURDIEU, P., PASSERON, J. C. *A reprodução*. Rio de Janeiro: Francisco Alves, 1970.

BRANDÃO, C. R. *Pesquisa participante*. São Paulo: Brasiliense, 1985.

BRECHT, B. *Poemas*: 1913-1956. São Paulo: Brasiliense, 1987.

BRONFENBRENNER, U. *A ecologia do desenvolvimento humano*. Porto Alegre: Artes Médicas, 1994. (1. ed. 1979).

BRUGHEL, P. *Pinacoteca de los genios*. Buenos Aires: Atlantida, [1534].

CALLIGARIS, C. *Hello Brasil!*: notas de um psicanalista viajando pelo país. Porto Alegre: Escuta, 1992.

_____. *Crônicas do individualismo cotidiano*. São Paulo: Ática, 1996.

_____. *A vida não é tão bela assim*. *Folha de S. Paulo*, São Paulo, 8 nov. 1999. Mais, p.5-8.

CENTRO DE ESTUDOS E PESQUISAS EM EDUCAÇÃO, CULTURA E AÇÃO COMUNITÁRIA. *Escutar*: um ponto de encontro. São Paulo: Cenpec, 1998a. v.2.

_____. *Olhar*: histórias de lugares e vínculos. São Paulo: Cenpec, 1998b. v.3.

CHAUÍ, M. O que é ser educador hoje? Da arte à ciência: a morte do educador. In: BRANDÃO, C. R. (Org.) *O educador*: vida e morte. Rio de Janeiro: Graal, 1983.

CHAUÍ, M. *Convite à filosofia*. São Paulo: Ática, 1995.

CHOMBART DE LAUWE, M. J. *Um outro mundo*: a infância. São Paulo: Perspectiva, 1991.

CHOMSKY, N. *Politica y cultura a finales del siglo XX*: un panorama de las actuales tendencias. Barcelona: Ariel, 1996.

CORDEIRO, A. P. *Os meninos da rua da descida*: uma proposta de arte e vida através do teatro. Marília, 1997. Dissertação (Mestrado) – Faculdade de Filosofia e Ciências, Universidade Estadual Paulista.

COLLIER, J. *Antropologia visual*: a fotografia como método de pesquisa. São Paulo: Pedagógica e Universitária, 1973.

COSTA, J. F. Narcisismo em tempos sombrios. In: FERNANDES, H. R. (Org.) *Tempo do desejo*. São Paulo: Brasiliense, 1989.

_____. *Violência e psicanálise*. Rio de Janeiro: Graal, 1984.

DADOUN, R. *A violência*: ensaio acerca do "homo violents". Rio de Janeiro: Difel, 1993.

DEBORD, G. *La societé du spectacle*. Paris: Gallimard, 1992.

DELEUZE, G. Pos data sobre las sociedades de control. In: FERRER, C. (Org.) *El linguage libertario 2*: filosofia de la protesta humana. Montevideo: Piedra Libre, 1991.

DELORS, J. *Educação*: um tesouro a descobrir. São Paulo: Cortez, Brasília: MEC/Unesco, 2000.

DIMENSTEIN, G. *A guerra dos meninos*: assassinatos de meninos no Brasil. São Paulo: Brasiliense, 1990.

_____. *Cidadão de papel*. São Paulo: Ática, 1997.

DOLTO, F. Prefácio. In: MANNONI, M. *A primeira entrevista em psicanálise*. Rio de Janeiro: Campus, 1980.

_____. *La causa de los adolescentes*. Barcelona: Seix Barral, 1994.

DUBY, G. *Ano 1000, ano 2000*: na pista de nossos medos. São Paulo: Editora UNESP, 1998.

ESTATUTO da criança e do adolescente. São Paulo: Conselho Estadual dos Direitos da Criança e do Adolescente, 1996.

FELSMAN, J. K. Risk and resiliency in childhood: the lives of street children. In: DUGAN & COLES. *The Child in or Times*: Studies in the Development of Resiliense. New York: Brunner, Mazel, 1989. p.36-80.

FERREIRA, T. *Os meninos e a rua*: uma interpelação à psicanálise. Belo Horizonte: Autêntica, 2001.

FOUCAULT, M. *Vigiar e punir*: história da violência nas prisões. Petrópolis: Vozes, 1977.

FREIRE, P. *Professora sim, tia não*: cartas a quem ousa ensinar. São Paulo: Olho d'Água, 1995.

FREIRE, P. *Pedagogia da autonomia*: saberes necessários à prática educativa. 10.ed. São Paulo: Paz e Terra, 1999.

FREITAS, M. C. de. (Org.) *História social da infância no Brasil*. São Paulo: Cortez, 1997.

FREUD, S. Algumas reflexões sobre a psicologia do escolar. In: _____. *Obras psicológicas completas de Sigmund Freud*. Rio de Janeiro: Imago, 1969a. v.13.

_____. Sobre o narcisismo: uma introdução. In: _____. *Obras psicológicas completas de Sigmund Freud*. Rio de Janeiro: Imago, 1969b. v.14.

_____. Uma criança é espancada: uma contribuição ao estudo da origem das perversões sexuais. In: _____. *Obras psicológicas completas de Sigmund Freud*. Rio de Janeiro: Imago, 1969c. v.17.

_____. O mal-estar na civilização. In: _____. *Obras completas*. Rio de Janeiro: Imago, 1975. v.15.

_____. Formulações sobre os dois princípios do funcionamento mental. In: _____. *Obras completas*. Rio de Janeiro: Imago 1976. v.12.

FRONTANA, I. C. R. *Crianças e adolescentes nas ruas de São Paulo*. São Paulo: Loyola, 1999.

GANDOLFI, S., JUSTO, C. S. S. Desgaste físico e emocional em professores de 1ª a 4ª séries da cidade de Marília. In: JORNADA DE INICIAÇÃO CIENTÍFICA, 4, 1997. *Resumos...* Marília: UNESP, 1997. p.37-8.

GOETZ, J. P. *Etnografia y diseño qualitativo en investigación educativa*. Madrid: Morata, 1988.

GOLDENBERG, R. (Org.) *Goza*!: capitalismo, globalização e psicanálise. Salvador: Álgama, 1997.

GOMES, M. dos P. M. Espaço interseccional. *Arte & Linguagem, Cadernos PUC (São Paulo)*, n.14, p.44, 1981.

GONZÁLEZ RODRÍGUEZ, J. *Educar y prevenir desde la calle*. Madrid: Editorial CSS, 1995.

GRACIANI, M. S. S. *Pedagogia social de rua*. São Paulo: Cortez, 1997.

GREGORI, M. F. *Viração*: experiências de meninos nas ruas. São Paulo: Companhia das Letras, 2000.

GUERRA dos meninos (filme documentário). Direção de Sandra Werneck. (Baseado em livro homônimo de Gilberto Dimenstein). 1992.

GULLAR, F. Traduzir-se. In: _____. *Na vertigem do dia*. Rio de Janeiro: Civilização Brasileira, 1980.

JUSTO, C. S. S. *As representações familiais de crianças institucionalizadas em um orfanato*. São Paulo, 1981. Dissertação (Mestrado) – Pontifícia Universidade Católica.

JUSTO, C. S. S. Apontamentos para uma reflexão sobre o lugar da brinca-deira no desenvolvimento psicológico infantil. *Cadernos da FFC (Marília)*, v.4, n.2, 1995a.

_____. *Sondagem do número de crianças que vivem nas ruas de Marília-SP*. Marília: UNESP, 1995b. (Relatório de pesquisa). (Mimeogr.).

_____. *Violencias y niños en situación de calle en Brasil: una mirada ecológica*. Educación Social. *Revista de Intervención Socioeducativa (Barcelona)*, n.11, jan.-abr. 1999a.

_____. Valores humanos na escola: análise de uma experiência em pro-cesso. In: CONGRESSO DE EXTENSÃO UNIVERSITÁRIA DA UNESP, 1999. *Resumos...* Marília: UNESP, 1999b.

_____. Sociedade global e infância negada. In: DAL RI, N. M., MAR-RACH, S. A. (Org.) *Desafios da educação do fim do século*. Marília: UNESP, 2000.

JUSTO, J. S. et al. *Lugares da infância*. São Paulo: Arte e Ciência, 1997.

KLEIN, M. *Psicanálise da criança*. São Paulo: Mestre Jou, 1969.

_____. *Amor, ódio e reparação*. Rio de Janeiro: Imago, 1970.

_____. *O sentimento de solidão*: nosso mundo adulto e outros ensaios. Rio de Janeiro: Imago, 1971.

LAJOLO, M. Infância de papel e tinta. In: FREITAS, M. C. de. *História social da infância no Brasil*. São Paulo: Cortez, 1997.

LANDA, E. O preconceito como violência do pensamento: espaço narcísico e imagem do outro. In: HARDMAN, F. F. (Org.) *Morte e progresso*: cultura brasileira como apagamento de rastros. São Paulo: UNESP, 1998.

LAPLANCHE, J., PONTALIS, J. B. *Vocabulário de psicanálise*. São Pau-lo: Martins Fontes, 1986.

LASCH, C. *Cultura do narcisismo*. Rio de Janeiro: Imago, 1979.

_____. *O mínimo eu*: sobrevivência psíquica em tempos difíceis. São Paulo: Brasiliense, 1986.

LEVISKY, L. D. *Adolescência*: pelos caminhos da violência. São Paulo: Casa do Psicólogo, 1998.

LISPECTOR, C. *Perto do coração selvagem*. Rio de Janeiro: Nova Fron-teira, 1980.

_____. *A descoberta do mundo*. Rio de Janeiro: Francisco Alves, 1992.

LONDOÑO, F. T. A origem do conceito de menor. In: PRIORE, M. del. (Org.) *História da criança no Brasil*. São Paulo: Contexto, 1991.

LUSK, M. Street children of Rio de Janeiro. *Internacional Social Work*, n.35, p.293-305, 1992.

MACHADO DE ASSIS, J. M. *Angústia*. Rio de Janeiro: José Aguilar, 1962. (Obras Completas).

MANNONI, M. *A criança retardada e a mãe*. São Paulo: Martins Fontes, 1985.

MARCÍLIO, M. L. A roda dos expostos e a criança abandonada na história do Brasil. In: FREITAS, M. C. de. *História social da infância no Brasil*. São Paulo: Cortez, 1997.

MARTIN DEL COLLADO, A. C. *Crianças na rua*. São Paulo: Escuta, 1995.

MARTINEZ REGUERA, E. *Cachorros de nadie*: descripción psicológica de la infancia explotada. Madrid: Editora Popular, 1994.

MARTINS, R. A. Censo de crianças e adolescentes em situação de rua em São José do Rio Preto. *Psicologia: reflexão e crítica*, v.9, n.1, p.101-22, 1996.

MAUTNER, A. V. Cidadania e alteridade. In: ENCONTRO REGIONAL DE PSICOLOGIA SOCIAL, 4, 1992, São Paulo. *Anais...* São Paulo: Abrapso, 1992.

MAXWELL, K. Resumo do Brasil. *Folha de S.Paulo*, São Paulo, 31 jan. 1999. Mais, p.4-5.

MAZZOTTI. A. J. A. Representações sociais de meninos de rua. *Educação e Realidade*, v.22, n.1, p.183-207, jan.-jun. 1997.

MONGIN, O. A doença adulta da infância. *Folha de S.Paulo*, São Paulo, 24 jul. 1994. Mais, p.6-7.

MONTEIRO, J. M. C. Ethnographic study of the kids on the streets of Fortaleza, Brazil: family, school, peer groups and community, self-concept. Illinois, 1994. 161p. Dissertation (Doctor of Philosophy Degree) – Southern Illinois University at Carbondale.

MORIN, E. A noção de sujeito. In: SCHNITMAN, D. F. (Org.) *Novos paradigmas, cultura e subjetividade*. Porto Alegre: Artes Médicas, 1994.

MORIN, F. *Science et conscience de la complexité*. Aix en Provence: Librairie de l'Université, 1984. (Mimeogr.).

NEVES S. M. Psicodramatizando a construção da cidadania. *Psicologia: ciência e profissão (Brasília)*, v.16, n.1, p.24-8, 1996.

OCHOA, G. *El maltrato infantil*: un analisis ecológico de los factores de riesgo. Madrid: Ministério de Asuntos Sociales, 1993.

OCHOA, G., ESCARTI, A. *El niño abandonado en la comunidad Valenciana*. Valencia: Ed. Conselleria de Treball i Seguretat Social de la Generalitat Valenciana, 1987.

PADILLA, M. L., GONZALEZ, M. del M. Conhecimento social e desenvolvimento moral nos anos escolares. In: COLL, C. et al. *Desenvolvimento psicológico e educação*. Porto Alegre: Artes Médicas, 1995. v.1.

PASSETI, E. *O que é menor*. São Paulo: Brasiliense, 1987.

PÁTIO. *Revistas Pedagógicas*. Porto Alegre, n.7, nov. 1998-jan. 1999.

PELLEGRINO, H. Édipo e a paixão. In: NOVAES, A. *Os sentidos da paixão*. São Paulo: Companhia das Letras, 1992.

PESSOA, F. Poemas incógnitos. In: _____. *Obras completas*. Lisboa: Aguilar, 1974.

_____. *O eu profundo e os outros eus*: seleção poética organizada por Afrânio Coutinho. Rio de Janeiro: Nova Fronteira, 1980.

PIAGET, J. *La formación del simbolo en el niños*. Mexico: Fondo de Cultura Econômica, 1961.

PROJETO CASA DO PEQUENO CIDADÃO. Marília: Prefeitura Municipal, 1997.

RABELLO, L. de C. (Org.) *Subjetividade e cidadania*: um estudo com crianças e jovens em três cidades brasileiras. Rio de Janeiro: 7 Letras, 2001.

RESENDE, O. L. Vista cansada. *Folha de S. Paulo*, São Paulo, 23 fev. 1992. p.2.

ROCHA, R. Das saudades que eu não tenho... In: ABRAMOVICH, F. (Org.) *Mito da infância feliz*. São Paulo: Summus, 1982.

ROSEMBERG, F. Estimativa de criança em situação de rua na cidade de São Paulo. *Cadernos de Pesquisa*, v.91, p.30-45, 1993.

_____. Estimativa sobre crianças e adolescentes em situação de rua: procedimentos de uma pesquisa. *Psicologia: reflexão e crítica*, v.9, n.1, p.21-58, 1996.

SOUZA, E. de. Psicologia comunitária nos Estados Unidos e na América Latina: implicações para o Brasil. *Psicologia: reflexão e crítica*, v.9, n.1, p.5-20, 1996.

TEIXEIRA, S. M. F. Assistência na Previdência Social: uma política marginal. In: SPOSATI, A. et al. *Os direitos (dos desassistidos) sociais*. São Paulo: Cortez, 1999.

TRABALHO infantil. *Folha de S. Paulo*, São Paulo, 5 fev. 2001. Editorial, p.2.

TRAGTENBERG, M. *Burocracia e ideologia*. São Paulo: Ática, 1974.

TYLER, F. B., TYLER, S. L. Crianças de rua e dignidade humana. *Psicologia: reflexão e crítica*, v.9, n.1, p.83-100, 1996.

VELAZQUEZ, D. *Pinacoteca de los genios*. Buenos Aires: Atlantida, [1630].

WAISELFISZ, J. J. (Org.) *Programa Bolsa-Escola do Distrito Federal*. Brasília: Unesco, 1998.

WANDERLEY, L. E. Educação e globalização: é rima, não solução. *Tempo e Presença*, n.293, maio-jun. 1997.

WEBER, M. *Ciência e política*: duas vocações. São Paulo: Cultrix, 1970.

WINNICOTT, D. W. *O brincar e a realidade*. Rio de Janeiro: Imago, 1975.

_____. *A criança e o seu mundo*. Rio de Janeiro: Livros Técnicos e Científicos, 1982.

ANEXOS

OFICINA "SE VOCÊ FOSSE..."

objetivo	Facilitar a projeção de sonhos, o entrosamento entre os participantes do grupo, bem como a realização posterior de entrevistas individuais aprofundadas.
descrição	Em duplas e colocando-se no lugar de repórteres, entrevistaram-se mutuamente, respondendo às perguntas que constavam na ficha.
nossa experiência	Esta atividade foi um bom começo para aproximar os participantes e fazer com eles o primeiro exercício de "colocar-se no lugar de", para irem se conhecendo melhor e prepará-los para as entrevistas aprofundadas que no decorrer da pesquisa faríamos com eles. Inicialmente, foi dito que na atividade eles seriam repórteres que iam entrevistar uma pessoa importante: o próprio colega. Talvez esse comentário tenha influenciado respostas "auto-referentes", como se pode notar na tabela de repostas, especificamente em relação aos itens: quadro ("o meu"); foto ("eu", "a minha"); pessoa importante ("eu"). Também chamou nossa atenção o fato de um dos respondentes escolher como lugar que gostaria de ser o "McDonald's".

FICHA DE ENTREVISTA

data ___ / ___

Entrevistado (a): ....

Entrevsitador (a): ....

Se você fosse...

Uma flor? ....

Um carro? ....

Um lugar? ....

Um briquedo? ....

Uma cidade? ....

Um quadro? ....

Uma fotografia? ....

Uma pessoa importante? ....

OFICINA "SE VOCÊ FOSSE... BICHO?"

objetivo	Facilitar a expressão de sentimentos, colocando-se no lugar dos bichos.
descrição	Os participantes formaram um círculo, sentados no chão. Cada um pensou no bicho que gostaria de ser. Em seguida, cada participante deslocava-se até o centro do círculo e representava o bicho apenas com mímicas, sem emitir palavras. O grupo tinha que adivinhar o bicho representado.
nossa experiência	Inicialmente, alguns participantes resistiram à proposta, provavelmente por acharem que se tratava de uma brincadeira infantil, comum nas classes de pré-escola: sentar-se no chão e fazer a hora da roda da conversa etc. Mas, aos poucos, foram percebendo a importância da atividade e, à medida que iam adivinhando os bichos representados, riam, caçoavam dos colegas e iam se soltando. Procurei comentar as qualidades dos bichos escolhidos, fazendo observações como: "Coelho é bicho esperto, por que ninguém escolheu burro?". Caçoaram do colega que escolheu macaco: "Ele é macaco mesmo, vive pulando ... não tem sossego", referindo-se ao fato de o colega gostar de ficar na rua e não ir regularmente à CPC.

	bicho*	flor	carro	lugar	brinquedo	cidade	quadro	foto	pessoa importante
Tom	cachorro	cravo	"micsubich"	"cautry"	motinha	Santos	águia	um cara forte	Tom (ele mesmo)
Dalila	gata	rosa	escort	paisagem	barbie	Rio de Janeiro	gatos	de uma paisagem	Sandy e Junior
Amanda	–	margarida	gol	aqui	–	Marília	–	pessoa bonita	Sandy
Júlio	corvo	bico-de-papagaio	omega	jardim	–	São Paulo	meus pais	eu	eu
Elomar	bicho-preguiça	–	ferrari	–	carro miniatura	São Paulo	paisagem	lugar bonito	Ronaldinho
Paulo	coelho	dália	–	bonito	bicicleta	–	–	–	Sandy
Talião	macaco	girassol	ferrari	"Mec Donalld"	carrinho de controle	Garça	o meu	um pião	Romário
Boni	pássaro	cravo	ferrari	-	jogo do milhão	São Paulo	o meu	minha, eu sou bonito	Romário

* Esta categoria não consta da "Ficha de entrevista" pois trata-se de respostas dramatizadas (ver oficina "Se você fosse... bicho?").

OFICINA "RAIO X"

objetivo	Para a pesquisadora, ajuda na investigação de aspectos da representação dos sujeitos sobre si mesmos, família e da realidade social; para os sujeitos, é uma possibilidade de autoconhecimento, desenvolvendo o olhar que têm sobre si e o vivido existencialmente.

Cada participante respondeu individualmente à ficha abaixo:

descrição

```
    NOME

    RAIO X

    Família: ......................................................................
    Profissão: ....................................................................
    Renda: ........................................................................
    Ocupação: ....................................................................
    Programas legais (Fazer): .....................................................
    Onde vive: ...................................................................
    Brasil: ......................................................................
    Bairro: ......................................................................
    Problemas atuais: ............................................................
    Problemas resolvidos: ........................................................
    Sonhos: ......................................................................
    Medos: .......................................................................
    Raiva: .......................................................................
    Vontades: ....................................................................
    Felicidade: ..................................................................
    Saudade: .....................................................................
    Susto: .......................................................................
    Pessoas que admiro e por que: ................................................
```

* Utilizada por pesquisadores do Cenpec em 1998.

nossa experiência

Foi uma atividade que prendeu a atenção dos participantes, provavelmente porque o "Raio X" foi pensado com base nas enquetes que em geral circulam entre os adolescentes. Para a pesquisa foi uma primeira oportunidade de adentrar, de forma descontraída, nas representações dos sujeitos sobre a família, o bairro em que moram, a CPC, o país etc.; ao mesmo tempo, penetrar em seus sonhos, medos e vontades particulares, posteriormente aprofundados nas entrevistas individuais.

A partir desta oficina pudemos constatar o interesse por instrumentos de percussão e o gosto musical pelo estilo rap, por parte da maioria do grupo, o que motivou a realização, na seqüência, de uma série de oficinas que nomeamos como "Banda Bate Lata e Rap".

TABELA DE RESPOSTAS

Nomes	Família	Profissão	Renda	Ocupação	Programas legais	Onde vive	Brasil	Bairro	Problemas atuais	Problemas resolvidos
Tom	legal	estudante	–	estudante	futebol	Marília	bom	legal	bater nas irmãs	não brigar com os irmãos
Dalila	descrição pessoal	medicina ou jogar futebol	pensão: R$ 150,00	atuais	sair, brincar	CDHU	bom, mas poderia melhorar	Nova Marília	ter que ser feliz	ter que estudar
Amanda	descrição pessoal	estudante	pensão: R$ 60,00	ser feliz	nadar CPC	endereço	precisa mudar	Toffoli	dinheiro	conhecer amigos
Júlio	legal	estudante	–	CPC	artes marciais	Marília	lindo	Parque das Azaléias	viagem	trocar idéia com meu irmão
Elomar	descrição pessoal	estudante	R$ 150,00	CPC	filmes	casa da tia	castigado, poluído	Monte Castelo	escola	nota da escola
Camila	descrição pessoal	estudante	R$ 50,00 (pensão)	CPC	CPC	endereço	mudar	Azaléia	passar de ano	pagar a mulher do gelinho
Alex	legal	ladrão (rabiscou)	–	–	desenho Digimon	favela	otário	Toffoli	ir para a escola	não ir para a escola
Gil	descrição pessoal	estudante	todas	minha casa	MTV	favela	500 anos	Toffoli	os professores	rap
Dioniso	legal	estudante	–	–	cantar rap	em casa	bom	Figueiroa	maconha	não estou usando maconha
Tim	descrição pessoal	estudante	casa	jogar bola na favela	jogar bola	na favela	Marília	Parque das Azaléias	nenhum	todos
Paulo	descrição pessoal	empregada	R$ 380,00 + cesta	–	ouvir rap	legal	está melhorando	São José	me acusaram	já resolvi
Boni	legal	estudante	3.000 cestas básicas	–	TV O positivo	Marília	Brasil meu Brasil brasileiro	Parque das Azaléias	–	–
Talião	com minha vó	–	–	–	futebol	legal	–	–	–	–

(continua)

(continuação)

Nomes	Sonhos	Medo	Raiva	Vontade	Felicidade	Saudade	Susto	Pessoas que admiro
Tom	crescer rápido	dormir no escuro	meu cachorro	conhecer meninas legais	estar aqui	do meu tempo de criança	da E.	D.
Dalila	ser uma grande jogadora	ter que ficar sozinha	do meu pai	ser feliz	minha mãe/irmãos	de tudo que passei	ver minha mãe triste	Mãe
Amanda	mudar de casa	apanhar da mãe	E.	comer coisa gostosa	–	de viver	quando repito de ano	Mãe
Júlio	ser feliz	ficar aleijado	–		fazer muito esporte	da vida anterior		A. (monitora)
Elomar	engenheiro eletrônico	perder minha irmã	das pessoas que matam	viajar para Santos	ter uma família	pai/mãe	–	irmã
Camila	mudar de casa	escuro	V.	mãe feliz	viver	avós e meu irmão	fantasma	mãe
Alex	ter videogame	E.	vizinho	comer a coxinha da D.	quando eu comi a coxinha da D.	velho tempo de criança	E.	D.
Gil	ser cantor de rap	E.	E.	ir para São Paulo	casar	vó	E.	namorada Eu sou bonito
Dioniso	–	de perder	de mim	transar	estar aqui	ser forte	–	eu porque sou bonito
Tim	jogador de futebol	de não ter a salvação	ninguém	ser bom pai de família	todas	avó	E.	meu professor me admira porque fico quieto
Paulo	bicicleta	–	do Tom	viver	pra minha família	avó	quando chega de fininho	ela é linda
Boni	–	–	–	–	–	–	–	–
Talião	jogador de futebol	E.	–	–	–	–	–	–

Perg.	Respostas	
Família	Composição familiar	7
	Legal	5
Profissão	Ilegível	1
	Estudante	9
	Empregada	1
	Médica/Jog. futebol	1
	Jog. Futebol (riscou)	1
	Ladrão (riscou)	1
Renda	Pensão 130 reais	1
	380 e 1 cesta básica	1
	3.000 cestas básicas	1
	Pensão 60 reais	1
	Pensão 50 reais	1
	150 reais	1
	Todas	2
	Em branco	1
Ocupação	CPC	2
	Estudante	1
	Casa	1
	Minha casa	1
	Em branco	8

Perg.	Respostas	
Brasil	Bom	2
	Lindo	1
	É uma cidade legal	1
	500 anos	1
	Mudar/precisa mudar	1
	Marília	1
	Otário	1
	Brasil meu Brasil brasileiro	1
	Muito castigado, poluído	1
	Está melhorando a cada dia	1
	É bom, mas poderia ser melhor	1
Problemas Atuais	Maconha	1
	Professores	1
	Ir para a escola	1
	Passar de ano	2
	Na escola	1
	Viagem	1
	Dinheiro	1
	Ter que ser feliz	1
	Bater no irmão	1
	Me acusaram	1

Perg.	Respostas	
Sonhos	Ser jogador de futebol	3
	Mudar de casa	2
	Ser cantor de rap	1
	Ter um videogame	1
	De ser mal	1
	Ser engenheiro eletrônico	1
	Ser feliz	1
	Ser uma grande jogadora	1
	Crescer rápido	1
	Uma bicicleta	1
Medo	Escuro	3
	Da E. (nome)	3
	De não ter salvação	1
	De perder	1
	De perder minha irmã	1
	De ficar aleijado	1
	De apanhar da mãe	1
	Ter que ficar sozinha	1
	Em branco	1
Raiva	Nomes próprios (Tom, Tim, E. V.)	4
	Da minha vizinha	1

Perg.	Respostas	
Felicidade	Estar aqui	2
	Casar	1
	Quando eu comi a coxinha da D.	1
	Viver	1
	Ter um família	1
	Fazer muito esporte	1
	Minha mãe e meus irmãos	1
	Pra minha família	1
	Todas	1
	Em branco	3
Saudade	Minha avó	3
	Do velho tempo de criança/ Meu tempo de criança	2
	Ser forte	1
	Meus avós e meu irmão	1
	Do pai e da minha mãe	1
	Da minha vida anterior	1
	De tudo o que passei	1
	De viver	1
	Em branco	1

continuação

Perg.	Respostas	
Programas Legais (lazer)	TV (MTV, Digimon, filmes, O Positivo)	4
	Jogar futebol/bola	3
	Cantar/escutar rap	2
	Nadar e ir na CPC	1
	Sair, nadar, brincar e paquerar	2
	Artes marciais	1
Onde Vive	Marília	4
	Na favela	3
	Fornece endereço	3
	Em casa	1
	Casa da tia	1
	É legal	1
Barro	Parque das Azaléias	4
	Toffoli	3
	Figueira	1
	São José Sintra	1
	Monte Castelo	1
	Nova Marília	1
	Legal	1
	Em branco	
Problemas Resolvidos	Nenhum	1
	Em branco	2
	Não estou usando maconha	1
	Rap	1
	Não ir para a escola	1
	Pagar a mulher do gelinho	1
	A nota da escola	1
	Trocar idéia com meu irmão	1
	Conhecer amigos	1
	Ter que estudar	1
	Não brigar com os irmãos	1
	Resolveu a acusação	1
	Todos	1
	Em branco	2
Raiva	Das pessoas que matam	1
	Do meu pai	1
	Do meu cachorro	1
	De mim	1
	Ninguém	1
	Em branco	3
	Ser um bom pai de família	1
Vontades	De transar	1
	Ir um dia em São Paulo	1
	Fazer minha mãe feliz	1
	Viajar para Santos	1
	Comer coisa gostosa	1
	Ser feliz	1
	Conhecer meninas legais	1
	Viver	1
	Ilegível	1
	Em branco	3
Susto	Assombração	1
	Fantasma	1
	Quando repito de ano	1
	Ver minha mãe triste	1
	Quando chega de fininho	1
	Da E. (nome)	4
	Em branco	4
Pessoas que Admiro e Por que	Meu professor me admira porque eu fico quieto o tempo todo	1
	Porque eu sou bonito	1
	Minha namorada. Eu sou bonito	1
	D. (nome) porque	1
	Mãe porque ela é legal	2
	Minha irmã porque sim	1
	A (monit.) por ser muito boa, feliz e alegre	1
	Irmão e minha mãe porque estes são muitos especiais	1
	A. D. (nome) porque sim	1
	Ela é linda	1
	Em branco	2

OFICINA "BANDA BATE LATA" (I)

objetivo

Estimular a senso-percepção visual, tátil, olfativa e auditiva dos participantes, a fim de favorecer a expressão de sentimentos e representações sobre si mesmos que seriam solicitados posteriormente nas entrevistas.

aquecimento

Foi-lhes proposto, primeiro, andar silenciosamente pela sala, atentando para os detalhes da parede, do chão etc. (percepção visual); depois, continuaram explorando a textura dos objetos da sala, tocaram e sentiram o cheiro dos cabelos dos colegas (percepção tátil e olfativa); prestaram atenção, também, nos ruídos e sons presentes no ambiente (percepção auditiva).

descrição

Sentados no chão, em círculo, cada participante imitou (com a boca) um instrumento de sua preferência. Na seqüência do exercício, os instrumentos foram apresentados primeiro individualmente; depois alguns foram agrupados, outros conservados como instrumentos "solo", de forma a compor uma orquestra de sons instrumentais criados com a boca.

nossa experiência

No início estavam bastante tímidos; depois foram se descontraindo e apareceram sons de violões, de pratos de baterias, de berimbaus acompanhados de movimentos de capoeira, percussão com palmas e batidas no próprio corpo. Para reger os sons da "orquestra" convidamos a universitária Vanessa, que tem formação em música. Após a apresentação dos instrumentos criados pelo grupo, nos sentamos no chão, em círculo, para cada um comentar a experiência. Surgiram comentários significativos como este, da Amanda, que gosta de música e participa do coral da CPC: "Aprendi que violão tem som, eu consegui fazer igualzinho".

OFICINA "BANDA BATE LATA" (II)

objetivo

Formar uma banda rítmica com material de sucata, valorizando as habilidades dos participantes e fortalecendo entre eles o sentimento de pertencer a um grupo criativo.

aquecimento

Ouviram, a princípio, vários ritmos musicais e tinham que dançar conforme a música. Ao longo do exercício, o grupo obedeceu a algumas ordens dadas, como: imitar o jeito de dançar de um só participante escolhido; quando a música parava, todos tinham que segurar o dedinho do pé, ou colocar a mão no joelho do colega ao lado etc.

descrição

Após o aquecimento, os participantes da oficina formaram pequenos grupos ao redor dos seguintes instrumentos: percussão com casca de coco; chocalhos feitos com grãos de arroz colocados em garrafas plásticas, latas e bambu; tambores, de tamanhos variados, feitos com latas de tinta vazias; "lira" feita com garrafas nas quais colocou-se água em diferentes níveis.

Houve um entusiasmo muito grande dos participantes diante da proposta de formarem uma "Banda Bate Lata", que ganhou este nome porque a princípio todos disputaram percutir as latas, preterindo os demais instrumentos, o que gerou desentendimentos no grupo, acarretando inclusive a destruição de chocalhos feitos com cascas de coco e latinhas amassadas.

Ao final da reunião, sentamo-nos no chão, em círculo, e os instrumentos destruídos foram colocados no centro da roda para o grupo refletir sobre o ocorrido. Algumas lições foram aprendidas como expressou Júlio: "Só dá pra tocar, esperando a vez do outro".

nossa experiência

A formação da banda foi um exercício importante de disciplina e afirmação do valor da ajuda e do respeito mútuo para se conseguir o resultado final esperado. Para reger a banda, contamos com o conhecimento e a colaboração voluntária da aluna Vanessa, do curso de Pedagogia da UNESP. Infelizmente, não houve continuidade do trabalho, por falta de respaldo financeiro para remunerar um mestre de bateria de uma das escolas de samba da cidade, que havia se disposto a aperfeiçoar a Banda Bate Lata. Fizemos várias apresentações da banda na CPC e também de músicas no estilo rap criadas por integrantes do grupo, bastante expressivas dos conflitos vivenciados por eles e que se constituíram em relevante material de pesquisa.

OFICINA "CENAS DE VIOLÊNCIA: ESQUETES TEATRAIS

objetivo

Favorecer a expressão de sentimentos e lembranças relativas a situações de violência vivenciadas na família, na escola e na sociedade de maneira geral.

aquecimento

Todos sentados no chão ou deitados confortavelmente de olhos fechados. Induzimos o grupo a uma viagem imaginária, fazendo-os recordar de situações boas e marcantes ocorridas em diferentes fases de seu desenvolvimento: quando eram bebês, os primeiros passos, a entrada na escola até chegar aos dias de hoje, na CPC. Depois, conduzimos o grupo a lembrar-se de várias situações desconfortáveis ou ruins vividas em família, na escola ou na rua, das quais a própria pessoa tivesse participado ou presenciado. "Você nasce e tem uma família. Olhe para cada pessoa com quem você morou ou ainda mora e pense em alguma situação em que se sentiu magoado, com medo, raiva ou algum sentimento ruim, que tenha marcado você. Faça como uma foto desta cena ruim e olhe para ela, lembrando com detalhes de como aconteceu, as cores do lugar, os cheiros, as pessoas que estavam presentes, o que aconteceu, quem falou ou o que fez, o que você sentiu... Agora pense na escola, e, como se fosse

aquecimento

um filme passando na sua cabeça, vá lembrando de coisas ruins que aconteceram: briga ou desfeita de colegas, humilhação de alguma professora ... E agora pense em alguma situação de violência que você viu acontecer (ou falaram que aconteceu, ou assistiu na TV) no bairro onde você mora, ou na cidade ou no país."

descrição

Após o aquecimento, cada um escreveu as lembranças de cenas violentas vividas em família, na escola, no bairro etc.

nossa experiência

Houve resistência por parte de alguns em fazer o aquecimento, enquanto outros receberam a proposta com entusiasmo, inclusive porque já tinham feito exercícios teatrais antes.

Alguns relutaram em escrever suas lembranças de situações ocorridas na família, mas o grupo ouviu com respeito a Amanda descrever as surras que levava da mãe com galho de roseira, o relato de Elomar sobre o suicídio, por enforcamento, de seu pai e Dalila queixar-se das brigas entre seus pais e a conseqüente separação do casal. Nenhum grupo quis encenar lembranças da família. Em relação à escola, dramatizaram três situações: 1. briga entre colegas, motivada por xingamento; 2. situação de uma menina que pedia dinheiro na rua e faltava muito na escola; 3. situação de um menino que trabalhava em um bar e tinha saído da escola.

O entusiasmo marcante dos três grupos incidiu na dramatização de violência social: encenaram com vigor várias situações de pequenos furtos; "rapa" da polícia, na favela, atrás de traficantes; cenas com adolescentes drogados perseguidos pela polícia; assalto a banco com troca de tiros entre policiais e assaltantes.

Todas as situações colocadas em cena exigiram criatividade dos participantes na caracterização das personagens e na improvisação de objetos e de alguns recursos cênicos trazidos de casa.

A dramatização da situação do menino que trabalhava no bar e não freqüentava a escola foi enriquecida com a simulação do julgamento do dono do

nossa experiência

bar, para o qual foi constituído um tribunal, com corpo de jurados, advogados de defesa e acusação, testemunhas etc.

As esquetes teatrais foram trabalhadas com o grupo em duas oficinas e depois apresentadas à CPC, juntamente com a apresentação dos dois raps feitos pelo grupo, acompanhada de dançarinos e dj. A apresentação dos raps e das esquetes teatrais foi, sem dúvida, um momento privilegiado na CPC para a reflexão conjunta entre os educadores, a pesquisadora e os participantes do grupo sobre a violência social contemporânea. Entretanto, contrariando nossas expectativas, a apresentação foi posteriormente criticada por duas profissionais preocupadas com o suposto mau exemplo de se colocar em cena a simulação de meninos cheirando cola, bem como com o "ataque à ação policial" e a agressividade presentes na cena do assalto ao banco e nas letras dos raps. Infelizmente, estas críticas (a nosso ver, equivocadas) devem ter contribuído para a instituição inviabilizar o convite a um integrante do movimento hip-hop para fazer uma palestra na CPC, conforme o desejo do grupo, e também para a falta de apoio à iniciativa do grupo em querer realizar uma rifa e com a renda comprar um toca-discos que os auxiliasse em seus ensaios de rap nos finais de semana.

OFICINA "REPRESENTAÇÕES GRÁFICAS SOBRE A ESCOLA"

objetivo	Estimular a percepção crítica dos participantes a respeito da escola e também sobre a família, a CPC etc., cujas representações seriam objeto de investigação mais aprofundada nas entrevistas individuais.
descrição	Os participantes fizeram três exercícios (Cenpec, 1998a) de representação gráfica, reproduzidos abaixo.
nossa experiência	Como pode ser notado na "Tabela de Respostas" a maioria dos participantes percebe a classe como "bagunceira".

NOME

→ Como você percebe sua classe?

Outra forma de representá-la

→ Explique por que...

NOME

→ Repita o desenho do quadro que você escolheu.

→ Agora pinte, no seu desenho, a bolinha que representa você.

→ O que você sente a respeito disso?

TABELA DE RESPOSTAS

Percepção da classe	Motivo dessa percepção	Sentimento a respeito da sua posição na classe	Representação de outro grupo	Representação do outro grupo	Comentários sobre o outro grupo	Participantes
Posição 1	Cheia, muita gente, bagunça	Nada	CPC	5 grupos de 4 indivíduos	Feliz	Gil, 15 anos
Posição 5	Para não bagunçar	Sinto mal	Não identifica	5 filas de 3 indivíduos	Sinto mal	Dioniso, 11 anos
Posição 1	Legais, companheiros, ajuda nas horas difíceis	Muito bem acompa-nhado, ajuda quando um precisa do outro	Família	Repete desenho da posição 1	Muito orgulhoso de ter uma família muito legal	Elomar, 14 anos
Posição 1	É a mais bagunceira da escola	Muito chato	Família	6 indivíduos em ordem crescente	Feliz	Marco, 12 anos
Posição 6	Se ficar um em cada carteira bagunça muito, em dois a professora vai saber quem está bagunçando	Muito feliz	CPC	6 grupos de 4 indivíduos	Muito feliz porque dá para trocar idéia com colegas e professores	Júlio, 14 anos
Posição 2	Porque é calma	Calmo e quieto	CPC	Indefinido	Seguro porque tenho comigo as educadoras. É a Moema	Paulo, 12 anos
Posição 5	Porque minha classe não vai todos os dias, não fica cheia	Me sinto normal apesar de ser o mais grande da classe	Escola	Repete desenho da posição 5	Como todo muito se sente quando está na escola	Tim, 14 anos
Posição 1	Todo mundo fica conversando, comendo e brigando	Chato demais	Família	5 indivíduos em ordem crescente e se identifica como a segunda pessoa menor. Posiciona um 6º indivíduo isolado do grupo	Feliz	Camila, 12 anos
Posição 1	Bagunceira	Sinto mal	Escola	1 grupo no centro e 3 indivíduos isolados, sendo ele um destes	Mal porque os outros não respeitam a professora	Tom, 13 anos
Posição 4	Gostamos de ficar em grupo porque assim aprendemos mais coisas	–	Família	3 indivíduos juntos, sendo ela a do meio. Posiciona um indivíduo próximo dos 3 e outro mais isolado	Muito alegre porque somos uma família feliz	Dalila, 14 anos

OFICINA DE FOTOGRAFIA
"QUEM SOU EU?"

objetivo

Investigar o olhar dos sujeitos sobre si mesmos e sobre suas relações com a família, com os amigos, com o bairro e a cidade onde moram; ampliar a consciência perceptiva dos participantes, propiciando-lhes contato com uma outra forma de conhecimento e expressão sobre o mundo: a fotografia.

aquecimento

Conversamos sobre o que é possível registrar em uma foto: o feio, o bonito, o amado, o triste, o que eu gosto, o que eu quero mudar etc. Depois de darlhes algumas noções básicas sobre como fotografar (luz, disparo, enquadramento), todos os participantes tiraram inúmeras fotos dos amigos e educadores da CPC, a fim de aprenderem a manusear a câmera fotográfica descartável que utilizariam para fazer a série de fotos: "Quem sou eu?".

descrição

Sentados no chão ou recostados, pedimos para se concentrarem na série de fotos "Quem sou eu?" que iriam fazer, explicando-lhes que eles teriam que pensar nas fotos de lugares, pessoas e coisas que melhor expressariam quem são eles. Na seqüência, conversaram em duplas para troca de idéias e tam-

descrição

bém para firmarem um pacto de responsabilidade em relação à máquina fotográfica, uma vez que o combinado era um deles levar a câmera para casa, tirar 12 fotos escolhidas livremente e devolvê-la no dia seguinte para o colega utilizar o restante das poses do filme fotográfico.

nossa experiência

O contato com a máquina fotográfica trouxe muita excitação não só para os participantes da oficina, mas para a CPC em geral. Todos queriam tirar fotos e "ganhar" uma máquina, mesmo não fazendo parte do grupo de pesquisa. Talvez o esfuziante interesse despertado por esse objeto inusitado e desconhecido pela maioria tenha contribuído para o desaparecimento de duas câmeras: uma não foi devolvida por um dos participantes que a tinha levado para casa, conforme combinado, e a outra foi furtada na própria CPC. Isso ocasionou um certo transtorno, porque em ambas as máquinas extraviadas havia fotos da série "Quem sou eu?" de dois participantes do grupo, o que abalou a confiabilidade entre eles.

OFICINA DE FOTOGRAFIA
"MEMÓRIA DA FOTO"

objetivo

Favorecer o autoconhecimento e a percepção das relações do sujeito com a família, amigos e com o lugar onde mora, usando a estratégia da memória de cenas-fotos significativas para o sujeito.

aquecimento

Os participantes tiveram uma aula sobre técnica de fotografia com um profissional convidado, Andrei, que é aluno da UNESP e voluntariamente colaborou na oficina. A aula foi dada a partir do conjunto de fotos, já reveladas, que o grupo havia feito com uma câmera descartável na CPC. Também fizeram a leitura, monitorada pelo profissional, de uma série de fotos artísticas (de Sebastião Salgado e outros) trazidas para ilustrar a aula.

descrição

Colocamos uma música suave de fundo, pedimos que se recostassem confortavelmente, fechassem os olhos e se lembrassem das pessoas, dos objetos, dos lugares que haviam fotografado para responderem à questão: "Quem sou eu?": "Faz de conta que as fotos já foram reveladas e você está olhando uma a uma. Olhe a primeira, veja os detalhes, o que você quis mostrar de você com ela. Veja a seguinte e,

descrição

devagar, todas as outras. Escolha as três mais importantes – as que mais têm a ver com você e grave na sua memória". Depois, cada um descreveu verbalmente para o grupo as cenas-fotos significativas gravadas na memória, justificando a escolha. Houve uma conversa geral sobre as fotos e algumas foram colocadas em cena, isto é, representadas com a ajuda dos colegas que se colocavam "como se" fossem as pessoas ou objetos reais fotografados.

nossa experiência

Foi uma atividade importante, uma vez que haviam tirado muitas fotos excitados pela nova atividade e era preciso um exercício de depurar na memória aquelas cenas-fotos mais significativas, entrando em contato consigo mesmo. O exercício lúdico de representar as fotos ainda não reveladas foi também importante, considerando que algumas das fotos mais significativas não saíram quando foram revelados os filmes, mesmo porque houve extravio de duas câmeras fotográficas. Depois das fotos reveladas, alguns se espantaram com a clareza de detalhes das fotos, imperceptíveis ao olhar do fotógrafo, antes. Esse foi o caso do Tim, ao ver-se na foto cercado por tantas "pichações" (que ele mesmo fizera) escritas na parede da sala de aula. As fotos significativas, bem como as justificativas para a escolha das mesmas, encontram-se na "Tabela de fotos significativas".

TABELA DE FOTOS SIGNIFICATIVAS

Dalila	foto 1: paisagem "tirei logo que acordei, é uma paisagem que gosto muito"	foto 2: família "eu adoro minha família"	foto 3: amigos "são meus companheiros, tirei deles todos juntos e outra em frente o jardim"
Tom	foto 1: buracão "porque é legal ir lá"	foto 2: meninas de costas "porque é minhas colegas"	foto 3: céu "porque eu gosto de paisagem"
Elomar	foto 1: colegas "é o dia a dia da gente"	foto 2: CPC "faz 3 anos que estou aqui e eu gosto"	foto 3: hospital "é importante, porque a pessoa pode precisar"
Júlio	foto 1: salto mortal no "Tatá" (nome do centro desportivo do bairro) "porque é o que gosto de fazer, é liberdade, a foto pegou eu no alto"	foto 2: família "prá ter uma lembrança quando eles morrerem"	foto 3: amigos "amigo tá ali, dando a maior força, se você tá fazendo coisa errada, eles falam"
Amanda	foto 1: mãe "para guardar como lembrança"	foto 2: meu irmão e meu amigo "quando ficar mais velha, a gente pode relembrar esse tempo"	foto 3: buracão "porque a gente passa perto todo dia quando sai da CPC e vai para nossa casa"
Cido	foto 1: irmãzinha "ela andando no jardim, ficou a coisa mais linda"	foto 2: irmãos "porque queria tirar uma em casa"	foto 3: cachorra "porque eu gosto dela"
Toni	foto 1: bandeira do Brasil "porque ela é bonita, significa a paz do Brasil"	foto 2: pichação no muro "na foto tá o nome de todos meus amigos"	foto 3: salto mortal "porque pegou eu no alto; foi meu colega que bateu"
Tim	foto 1: buracão "porque corria enxurrada forte, *mó* legal"	foto 2: mãe dentro de casa "para guardar de lembrança"	foto 3: escola "porque é eu sentado no fundão da classe"

OFICINA DE FOTOGRAFIA
"FOTOS DO BAIRRO E DA CIDADE"

objetivo

Conhecer o olhar fotográfico dos participantes sobre os lugares significativos do bairro onde moram e da cidade, favorecendo ao mesmo tempo a ampliação de sua consciência perceptiva sobre o real vivido.

aquecimento

Colocamos uma música de fundo e os induzimos a reconstituírem mentalmente tudo o que tínhamos feito nas oficinas anteriores nas quais trabalhamos com fotografia: a ansiedade inicial deles em querer tirar fotos, o dedo na objetiva, as fotos que não saíram porque não souberam usar o *flash*, o sumiço de duas câmeras, a aula sobre fotografia, as melhores fotos, as mais significativas que eles representaram etc. Esse percurso mental retrospectivo ajudou-os a reduzir a ansiedade despertada pela vontade de saírem rapidamente para nossa excursão fotográfica já programada para o dia.

descrição

Comentamos, então, que iríamos sair para fotografar os bairros onde moravam e a cidade, mas que antes precisaríamos fazer um roteiro sobre o que fotografar. Cada um escreveu um roteiro de dez

descrição

fotos que gostaria de fazer, retratando lugares do seu bairro e da cidade. Mostramos o funcionamento das cinco câmeras Misuka (um pouco melhores do que as descartáveis que tinham usado antes) de que dispúnhamos, explicando-lhes que cada dupla dividiria uma câmera.

Como Andrei – o fotógrafo convidado para a aula dada anteriormente – se dispôs a acompanhar o grupo na excursão fotográfica, pudemos dividir os sete participantes em dois carros. Íamos percorrer algumas favelas conhecidas como perigosas; foram, então, orientados a abordar as pessoas que desejassem fotografar, pedindo antecipadamente, agradecendo etc. Mesmo tendo cuidados, enfrentamos alguns problemas, como o de uma pessoa que se recusou a ser fotografada, alegando temer que sua foto pudesse ser usada em macumba.

Houve uma excitação geral com a proposta. Percebemos que alguns estavam se sentindo como turistas com a câmera a tiracolo, sobretudo pela preferência em registrar fotos de lugares como aeroporto, bosque municipal etc.

nossa experiência

Iniciamos nosso percurso fotográfico pela favela onde a maioria morava. Retratar as cenas do cotidiano vivido por eles ajudou-os a perceber com outros olhos as condições precárias em que vivem: esgoto a céu aberto, lixo e erosão nos terrenos, pessoas desempregadas jogando baralho na calçada etc. Depois de reveladas as fotos, propusemos que escolhessem três, escrevendo uma pequena legenda. Nas fotos escolhidas e legendadas é possível notar o olhar crítico da maioria dos "fotógrafos" e, ainda que alguns tivessem tirado fotos do bosque ou da represa para guardarem de lembrança, ficou claro que tinham circulado por esses lugares de uma forma nova, retratando a degradação ambiental da represa, os bichos enjaulados no bosque; enfim, mostraram que perceberam os lugares, as pessoas e a si mesmos de um jeito diferente.

ENTREVISTAS

Para preservar a identidade dos entrevistados, os nomes de todas as crianças e adolescentes são fictícios. Quanto aos adultos (mãe, presidente de associação de bairro, educadores sociais) resolvemos referir-nos a eles sem mencionar nomes.

PERFIL DOS ENTREVISTADOS

Crianças

Dalila, 14 anos, mora com a mãe e quatro irmãos. O pai abandonou a família quanto ela tinha 7 anos. A mãe está desempregada, sobrevivem com o dinheiro da pensão (um salário mínimo) que recebem do pai. Admira muito a mãe e sente raiva do pai, o qual bebia e ficava agressivo. Dalila nomeou sua história de vida como "história sem fim", uma história marcada por "tristezas" e "brigas" que ocorrem até hoje, agora entre a mãe e o avô, que segundo ela é o responsável por terem perdido a casa popular onde moravam; vive a angústia presente de a família ter que deixar a casa, sem saber onde vai se alojar. Dalila nunca mendigou nas ruas, embora ressalte que já passou fome. Na sua opinião, a falta de amor na família é a causa dos filhos saírem para as ruas. O sonho profissional de Dalila conflita entre ser jogadora de futebol ou médica; deseja poder comprar uma casa para a mãe e não ter a mesma vida de sacrifício dela. Cursa a oitava série e tem uma percepção bastante crítica da escola; já foi vítima de preconceito, por ser negra, e contou que uma professora de sua escola chamou um colega seu de neguinho e foi processada pela mãe dele. Dalila freqüenta a CPC há dois anos, o que mais gosta de fazer na Casa é participar do coral e gostaria que tivesse mais esportes, leitura e oficinas.

Tim, 14 anos, mora com o pai, a mãe e dois irmãos. É o mais novo dos outros filhos, que têm 15 e 16 anos. Os irmãos não estudam, e trabalham fazendo doces caseiros. A mãe também trabalha em casa, como lavadeira, e o pai é lavrador. Tim cursa a quinta série, parou de estudar por um ano; disse que nunca ficou na rua durante o ano que saiu da escola [desanimou, porque fora reprovado], ia com o pai trabalhar na lavoura de café. Não soube dizer quanto é a renda familiar, disse que tem poucos amigos, não gosta da escola ["ficar escrevendo o tempo todo não dá, teria que ter computador"], acha que daqui a dez anos sua vida estará melhor, mas não tem nenhuma representação clara de como será no futuro. O sonho de Tim é ser jogador de futebol, acha sua família "normal" e não se lembra de nenhum fato familiar ruim ou bom. Atribui à família a culpa pelo filho sair para a rua: "às vezes, o cara desanima da vida, não tem apoio em casa". Tim freqüenta a CPC há dois anos, as educadoras se queixam que Tim é pouco participativo nas atividades, mas agora tem se relacionado melhor com os colegas, inclusive gosta de ser o "cabeleireiro" da Casa e cortar o cabelo dos meninos que assim desejam. A insegurança que parece depositar em seu futuro reflete-se nas contradições de seus desejos no presente, pois ao mesmo tempo que gostaria que na CPC tivesse um campo de futebol critica a falta de ter o que fazer, ressaltando que "ficar na Casa jogando bola o dia todo não dá".

Tom, 13 anos, mora com a mãe, o padrasto e cinco irmãos. Não soube precisar quanto é a renda da família, mas disse que seu padrasto trabalha na roça, a irmã mais velha [que tem 17 anos] é doméstica e a mãe recebe algum dinheiro de uma irmã em troca de tomar conta do sobrinho. Nomeou sua história de vida como "triste", justificando que é porque deixou de ir à escola. Durante o ano em que se evadiu da escola, por medo de brigas entre gangues, perambulava pelas ruas do centro e só voltava à noite para casa. Acredita que meninos, como ele, vão para as ruas porque "a mãe não dá atenção, só cuida do filho mais novo". Tom cursa a sexta série e há três anos freqüenta a CPC. Gosta de esportes e por isso se ressente com a interrupção das aulas de *tae kwon do* na CPC. Seu sonho é ser jogador de futebol. Para Tom o passado foi ruim [brigava muito] e o futuro será melhor "porque quando é mais velho, a gente tem mais consciência das coisas".

Cido, 12 anos, mora com a mãe e três irmãos. Nomeou sua história de vida como "história linda", embora diga que na vida real não é tão linda assim, queixando-se da responsabilidade de cuidar do irmão mais novo, de 10 anos. A família sobrevive com dois salários mínimos: o da mãe, que trabalha em uma firma como faxineira, somado à pensão paga pelo pai. Faz um ano que seus pais se separaram; lamenta-se das brigas de faca que presenciava entre eles e teme as surras da mãe, a qual costuma bater com "varinha de roseira ou espada-de-são-jorge". Quer mudar da favela porque não tem amigos; seus irmãos (uma irmã de 17 e um irmão de 21 anos) não estudam e não trabalham. Cido cursa a quinta série e nunca precisou "pedir na rua", embora ressalte que já passou necessidade em casa e a mãe arrumou dinheiro com a patroa dela. Não gosta da escola (diz que a professora o chamou uma vez de "porco" e os meninos o chamam de "pança, gordo") tampouco da CPC, a qual freqüenta há um ano. Na Casa gosta de bordar e fazer artesanato. O sonho de Cido é ser policial "para poder salvar e defender as pessoas", argumentando que "viu, uma vez, um polícia dar um soco no facão de um traficante da favela". No seu entender, sua vida passada na cidade de Maracaí (na qual não tinha emprego) foi boa, hoje está pior (queixa-se do ambiente de fofoca na favela onde mora). Cido não sabe dizer como ele estará daqui a dez anos, mas acha que "será melhor, porque não vai tê cocaína, eles vão morrê tudo".

Gil, 15 anos, é o filho mais velho e tem cinco irmãos. Mora com a mãe, desempregada, não tem contato com o pai desde os 3 anos de idade, embora o pai pague a pensão dele e de outro de seus irmãos. Durante dois anos catou papelão nas ruas, hoje faz bicos ocasionais em um bufê da cidade, trabalhando como garçom. Viveu nas ruas dois anos porque a mãe era muito rigorosa, segundo ele "dava muita chateada". Queixou-se da favela onde mora, dizendo "que tem muita gente sem fazer nada que fica cuidando da vida dos outro". Gil admite que às vezes fica "com a cabeça descontrolada". Participa há um ano do movimento hip-hop, ensaiando rap todos os finais de semana na casa de um colega. Gil voltou a estudar, está cursando a quinta série, mas não gosta; não sabe o que será profissionalmente no futuro. Diz que sua "vida está atrapalhada, a mãe anda muito estressada, teve que pará de trabalhá" [como doméstica] porque seu irmão [de 9 anos] "só fica na rua, não vai na escola". Gil freqüenta há dois anos a CPC e gostaria que na Casa houvesse mais espaço para montar um grupo de música no estilo rap, e mais passeios, sugerindo acampamentos em chácaras ou sítios.

Elomar, 13 anos, mora com a irmã, de 18 anos, na casa de parentes, desde que seus pais faleceram, há cinco anos. O pai enforcou-se e a mãe morreu de infarto, meses depois. Sente muita saudade, chorou ao lembrar-se do passado, disse que queria ter tirado uma foto deles, agora que tinha aprendido a fotografar. Admira muito a irmã, tem medo de separar-se dela e apóia-se na religião ("Deus quis, a gente tem que aceitar") para superar sua tristeza. Elomar tem muitos amigos, o que o deixa feliz: "amigo é aquele que tá perto e te dá firmeza". Gosta de estudar, cursa a sexta série e quer ser engenheiro eletrônico (desde pequeno adora desmontar carrinhos). Bastante crítico em relação aos colegas que vagueiam pelas ruas ou depredam a escola (pichando portões e paredes), acha que deveriam ser punidos, obrigando-os a comprar tinta e pintar a escola. Há três anos freqüenta a CPC, mas gostaria que a Casa fornecesse mais cursos "para a gente aprender coisas novas e não ficar todo dia naquela rotina". Elomar finalizou a entrevista lembrando-se com orgulho da bicicleta que ganhou como prêmio por ter-se classificado em um concurso de confecção de cartões de Natal promovido pela CPC.

Adilson, 15 anos. Mora com a avó desde que nasceu. Tem dois irmãos (de 6 e 11 anos), os quais vivem na Filantrópica – entidade mantida por doações de religiosos espíritas.

Filho de pai e mãe desconhecidos. Segundo Adilson, a mãe é andarilha e o pai faleceu em um incêndio na fábrica onde trabalhava, na cidade de Cubatão. Quando solicitado a nomear sua história de vida, disse "não fazer idéia", talvez querendo apagar as lembranças. A vida para ele "não é boa e nunca foi". Parou de estudar para trabalhar como "calango" (servente de pedreiro) e por isso atualmente está defasado na escola, cursando a quinta e sexta séries do ensino supletivo. Ele e a avó sobrevivem com a cesta básica e os cinqüenta reais que recebem da CPC, a qual freqüenta há três anos. Nunca pediu esmola, apesar de lamentar os anos de escola que perdeu premido pela necessidade de trabalhar.

A avó sempre trabalhou como doméstica ou cozinheira em restaurante, mas não tinha registro em carteira e atualmente espera receber seus direitos na Justiça (aproximadamente a quantia de mil reais, segundo Adilson). No seu entender, os meninos esmolam nas ruas devido à falta de religião. Há dois anos, freqüenta a "Casa da Bênção". Quer ser advogado, para "defender as pessoas que precisa", ou ser desportista, pois atualmente está entusiasmado com o convite recebido para treinar *tae kwon do* com seu ex-professor da CPC. Bastante crítico quanto à falta de perspectivas futuras, Adilson tem "esperança de mudar a vida para melhor" e fez algumas críticas à CPC pelo fato de oferecer cursos mas não garantir depois colocação no mercado de trabalho.

Amanda, 12 anos. Mora com a mãe (faxineira doméstica eventual), padrasto (pedreiro, todavia desempregado) e seis irmãos (cujas idades variam entre 6 e 21 anos). O irmão mais velho provê o sustento da família (trabalha em um supermercado) junto com uma irmã (de 15 anos), que é cabeleireira. Amanda freqüenta há um ano a CPC. Antes disso, aproximadamente durante dois anos, pedia esmolas nas ruas centrais da cidade, quase sempre acompanhada de uma prima e dois irmãos mais novos. Amanda lembra-se com certa nostalgia do tempo em que vivia na rua e dos amigos, em especial de uma mãe de rua adotiva chamada Neguita, apenas seis anos mais velha, a qual queria levá-la para São Paulo. Ao contrário da rua, a vida em família é avaliada por Amanda como uma "lembrança ruim". A mãe, segundo ela, é nervosa, o pai bebia muito e as brigas eram constantes. Cerca de três anos atrás, o pai amanhecera morto e até hoje não se sabe ao certo a causa da morte. Amanda cursa a quinta série, repetiu um ano, não gosta da escola "chata" e quer ser cantora. Dentre as atividades oferecidas na CPC, a que mais gosta é cantar no coral.

Raimundo, 16 anos. Há dois anos mora na rua. Diz que a mãe o espancou, por isso saiu de casa, "para nunca mais voltar". Queixa-se de ter sido abandonado pela mãe, ainda pequeno, e só guarda lembranças ruins dela. A mãe o quer, mas ele se recusa a vê-la, "nem pintada de ouro". Raimundo não conhece o pai e, atualmente, alterna o viver nas ruas com períodos de estada na família de uma tia, a qual disse não poder mais ajudá-lo devido ao envolvimento de Raimundo com drogas. Em virtude da prisão recente de um traficante na cidade, Raimundo teme algum tipo de represália e teme "ser morto". Para ele, "família não existe", diz que vai dormir no mato, não alimenta sonhos futuros. É analfabeto, embora diga que estudou até a segunda série do ensino fundamental. Recusa-se a voltar para a escola "porque uma vez a professora bateu a porta no nariz [dele]". Raimundo fora acolhido temporariamente à moradia estudantil da UNESP, por alguns alunos. Entretanto, dada a irregularidade de sua permanência na moradia, somada ao seu excessivo consumo de drogas (com o agravante de ter sido suspeito pela morte de um cachorro, por esfaqueamento), Raimundo voltou a morar nas ruas.

Já sofreu internação em hospital psiquiátrico para desintoxicar-se de drogas e teme ser mandado à Febem. Gostaria de participar do projeto CPC, porém não o aceitam devido ao fato de consumir drogas. Tentou-se, com auxílio do Conselho Tutelar, encaminhá-lo à Comunidade Terapêutica Esperança – uma chácara evangélica voltada à recuperação de adolescentes drogados. Entretanto, ele fora, primeiro, internado no Esquadrão da Vida – entidade "fechada", específica para tratamento de adultos dependentes químicos – do qual fugira, após dois dias de internação.

Belmiro, 13 anos, Bela, 15, Daniel, 9, moram com a mãe, o tio materno e mais cinco irmãos, cujas idades variam entre 17 e 4 anos. O pai deixou a casa quando Belmiro tinha cerca de 3 anos. A mãe faz ocasionalmente faxinas e o tio é pedreiro, todavia está desempregado. A família soma ao todo dez pessoas, que se espremem morando em um barraco de três cômodos – na hora do sono, alguns dormem "debaixo da mesa", diz Belmiro. A filha mais velha, de 17 anos, recebe um salário mínimo, trabalhando como doméstica; entretanto a maior parcela do orçamento familiar advém do trabalho de Bela e Belmiro nas ruas. Ambos trabalham há seis anos como engraxates, e nos finais de semana, acompanhados do irmão mais novo, Daniel, ganham alguns trocados "olhando carro" em um dos shoppings da cidade. Bela e Belmiro sentem-se adaptados à rotina de engraxates e orgulham-se da seleta freguesia: funcionários da Prefeitura, advogados, empresários e comerciantes estabelecidos no centro da cidade. Vez ou outra, ganham a mais pelo serviço e são freqüentemente agraciados com cestas básicas e presentes. Têm grande admiração pela mãe e alimentam sonhos com um futuro melhor. Belmiro cursa a quinta série, Bela a sétima série e Daniel a segunda do ensino fundamental. Bela não sabe ainda ao certo o que será no futuro, mas pretende estudar bastante e fazer faculdade; o sonho de Belmiro conflita entre "ser dono de firma de carro importado, jogador, advogado ou cantor"; Daniel (que freqüenta habitualmente sozinho uma igreja evangélica próxima à favela) sonha em ser cantor, mas com uma ressalva: "cantor de hino de Deus". Os três irmãos freqüentaram durante dois meses, apenas, o projeto CPC, justificando que o transporte da Prefeitura garantia somente a ida ao projeto e na volta tinham que perfazer um trajeto muito longo e perigoso.

Adultos

Entrevista 1 – 4.9.2000
Formada em Serviço Social. Auxiliar técnica da Secretaria Municipal do Bem-Estar Social. Trabalha há três anos no projeto CPC e atua como educadora de rua.

Entrevista 2 – 14.10.2000
Presidente da Sociedade Amigos de Bairro do Jardim Santa Antonieta I e II. Agente de movimentos populares. Formação política em direitos humanos e na área sindical.

Entrevista 3 – 21.10.2000
Mãe de sete filhos (de idade entre 6 e 17 anos), três dos quais trabalhavam como engraxates e eventualmente como guardadores de carro. Freqüentou apenas dois anos de escola. Trabalha como faxineira doméstica, mas há tempo não consegue serviço.

Entrevista 4 – 8.11.2000
Formada em Pedagogia. Concursada para trabalhar no projeto CPC desde seu início, em 1997. Experiência como educadora social em diversas unidades do projeto e também como educadora de rua.

ROTEIRO DE ENTREVISTA

Conversa preliminar

Você participou durante estes últimos meses do grupo que nós formamos, aqui na Casa, com o objetivo de que eu pudesse conhecer melhor vocês, e também que cada um se conhecesse melhor. Como você sabe, eu estou fazendo uma pesquisa, estudando as crianças que freqüentam a Casa do Pequeno Cidadão. Eu quero saber sobre a vida de vocês. O que você tiver a dizer nesta entrevista, para mim, é muito importante porque representa a sua vida e ela é única. Quer dizer, você é a única pessoa que sabe, melhor do que ninguém, como é que é, e o que significa ter vivido, ou estar vivendo, na rua a maior parte do dia ou da noite.

Como nós vamos conversar pelo menos uma hora e meia, eu preciso gravar a nossa conversa, no gravador. Não se preocupe que o seu nome nem o de ninguém que você disser nessa conversa vai ser mencionado na minha pesquisa. Você pode me perguntar o que você não entender, tá?

Depois da entrevista, eu vou te dar a máquina para você tirar as fotos, conforme combinado. Mas se você não quiser fazer a entrevista, nem tirar as fotos, não tem problema.

Questões

1. Dados pessoais:
   Nome/idade/sexo/grupo étnico.
   Faz de conta que nós vamos escrever a história da vida de uma pessoa. Esta pessoa é você. Que nome você daria para essa história?
   Como é o lugar onde você nasceu? Mora nesse lugar até hoje?

2. Dados familiares:
   Quem mais mora com você?
   Mãe (madrasta)/idade/trabalho/escolaridade
   Pai (padrasto)/idade/trabalho/escolaridade
   Irmãos e respectivas idades, trabalho, escolaridade.
   Avós e outros.
   Renda familiar aproximada.

3. Representações sobre o espaço familiar e pais.
   a) Rotina da família.
   Me fale um pouco da sua da casa, do lugar onde mora e o que você faz desde quando acorda até a hora em que vai dormir.

Me conte mais sobre sua família. Que coisas você mais gosta na sua família?

Agora me diga que coisas você não gosta na sua família.

Como você vê o seu pai (padrasto)? E sua mãe (madrasta)? Sua vó ou tia? (no caso de o(a) menino(a) não morar com os pais).

b) Fatores estressantes (positivos/negativos) ocorridos na família.

Me conte sobre uma coisa legal que aconteceu com você e sua família. Uma coisa que tenha acontecido há pouco tempo.

Agora fale sobre uma coisa ruim que tenha acontecido recentemente, ou que já faz tempo.

Me diga como você se sente na sua família. Como você é tratado? Bem? Mal?

(Pesquisar maus-tratos, exploração no trabalho, violências físicas ou psicológicas, caracterizadas por negligência, discriminação, constrangimento, humilhação etc.)

4. Representações sobre o bairro, a cidade e o viver nas ruas

Como é morar no bairro onde você mora? Tem um lugar legal pra se divertir? O que os adolescentes fazem? Tem rap? Movimento hip-hop?

Como é a cidade de Marília? É uma cidade boa de se viver, calma/ violenta? O que você gosta/não gosta, no centro da cidade?

O que mais atrai você, para ficar na rua? O que você faz na rua? Quais os seus pontos e horários preferidos para ficar na rua?

O que você acha que as pessoas que passam por você pensam de você? (Sentem pena/raiva/inveja?).

5. Representações sobre o espaço escolar e os professores

Com quantos anos entrou na escola? Em que série você está (ou parou)?

Do que é que você mais gostava na escola? Me conte uma coisa boa que aconteceu na escola e você gosta de se lembrar. Me conte uma coisa boa que aconteceu, há uns seis meses, e você gosta de lembrar.

Do que você não gosta, na escola, e tem até raiva de se lembrar? Me conte uma coisa ruim que tenha acontecido. Me conte uma coisa ruim que tenha acontecido, há uns seis meses, e que você esteja com raiva até hoje.
Você acha que ir à escola é importante?
Você acha que os professores ensinam bem? Ganham bem?
Me fale de algum professor(a) que você tenha gostado dele(a).
Me fale uma coisa que algum professor lhe fez e que você não gostou e não esqueceu até hoje.
O que você acha que tinha que mudar, para a escola ser melhor e lhe dar vontade de ficar lá e estudar?

6. Representações sobre o espaço da Casa do Pequeno Cidadão e monitores
   O que você está aprendendo na Casa do Pequeno Cidadão? No que a Casa é diferente da escola e da sua própria casa?
   Há quanto tempo freqüenta a Casa? Há outros irmãos que também freqüentam?
   Como foi que você quis participar da Casa?
   Me conte o que você já fez e está fazendo na Casa. Me diga o que você mais gosta de fazer/o que não gosta.
   Me fale de um monitor(a) que você gosta/ não gosta.
   No que a Casa tem que mudar, para ficar melhor?

7. Representações sobre o espaço de outras instituições
   Você já passou algum tempo internado em algum lugar, como Febem ou outro?
   Me conte como foi esse período. O que foi bom/ruim.

8. Representações sobre si mesmo e amigos
   Quem são seus amigos(as) mais íntimos(as)?
   O que é que os faz diferentes dos outros? O que eles têm, que outros não têm? Ou seja, por que esse amigo é diferente de outro da sua família, ou de um colega da escola?
   Por que você acha que uma pessoa é amiga?
   Agora, que você já contou muita coisa da história da sua vida, que é que você acha dessa história? Normal/bonita/feia/triste/alegre?

O que você acha da pessoa dessa história? Quer dizer, o que você acha de você mesmo(a)?

O que você pensa do seu passado? E da vida que você está levando agora, no presente?

Agora me fale de seus sonhos. O que você pensa em ser? Como vê seu futuro?

Vamos supor que daqui a dez anos a gente se encontre outra vez para conversar e continuar essa história da sua vida. E aí, como será essa história, daqui a dez anos? Será que sua vida vai ser diferente da de hoje? E, se for, seria diferente como?

9. Representações sobre a pesquisa e o "grupo de pertencimento

O que você achou de participar da pesquisa e do grupo?

De quais atividades você se lembra? Diga-me uma que mais gostou/ não gostou.

O que você acha que aprendeu no grupo? Você acha que mudou alguma coisa na sua vida com sua participação no grupo?

Agora, a gente precisa do cenário dessa história, que é a sua história. Para fazer esse cenário da história que você acabou de me contar, você fará as fotos para ilustrá-la. Você vai tirar 24 fotos, depois escolherá as que mais gostar e faremos uma exposição, com as fotos de todos os que participaram da pesquisa. Primeiro, você vai tirar doze fotos livres. Quer dizer, desde que sejam fotos dentro do tema "Quem sou eu". Não precisa ser fotos de você, mas fotos que digam quem você é e que contem a história da sua vida, que você acabou de me contar. Lembre-se que as fotos devem ser o retrato de você mesmo(a), da maneira como você se vê e conforme as suas respostas na entrevista que nós tivemos. Você não tem que estar na foto para que ela represente você. Depois, eu vou lhe dar outro filme fotográfico, para você fazer mais fotos.

Autorização para participar da pesquisa

Eu estou informado(a) de que essa pesquisa será feita por Carmem Sílvia Sanches Justo, professora da UNESP, e que servirá para sua tese de doutorado. Essa pesquisa será sobre a vida dos meninos e meninas que freqüentam a Casa do Pequeno Cidadão.

Eu concordo que meu filho(a) participe da pesquisa e seja entrevistado pela professora Carmem. Eu sei que a entrevista será gravada, mas os nomes serão mantidos em sigilo, quer dizer, os nomes dos entrevistados serão trocados por outros, quando a professsora for escrever a pesquisa, para evitar problemas.

Os participantes da pesquisa aprenderão a tirar fotos, e depois farão diversas fotos. Eu concordo que as fotos sejam tiradas e depois que seja feita uma exposição das melhores fotos. Eu estou ciente que haverá necessidade de algumas idas à UNESP, para meu filho(a) participar das oficinas de fotografia e aprender a revelar fotos no laboratório. Essas saídas, quando necessárias, serão comunicadas aos pais antecipadamente e serão sempre acompanhadas pela professora Carmem.

Eu estou ciente do que consta essa pesquisa e concordo que meu filho(a) _____ participe.

_____
Assinatura dos pais ou responsáveis   data: ____ /____/____

SOBRE O LIVRO

Formato: 14 x 21 cm
Mancha: 23 x 43 paicas
Tipologia: Classical Garamond 10/13
Papel: Offset 75 g/m² (miolo)
Cartão Supremo 250 g/m² (capa)
1ª edição: 2003

EQUIPE DE REALIZAÇÃO

Coordenação Geral
Sidnei Simonelli

Produção Gráfica
Anderson Nobara

Edição de Texto
Nelson Luís Barbosa (Assistente Editorial)
Ana Paula Castellani (Preparação de Original)
Fábio Gonçalves e
Ana Luiza Couto (Revisão)

Editoração Eletrônica
Lourdes Guacira da Silva Simonelli (Supervisão)
Edmílson Gonçalves (Diagramação)

Impressão e Acabamento
na Gráfica Imprensa da Fé